U0148262

大力丸儿 著

从前的古人生活 慢

湖南文艺出版社 博集天卷

从前的古人生活慢

生活篇

古代人的小日子

生活篇

古代人的小日子

从前的古人生活慢

没有闹钟，古代人怎么准点起床呢？

现代人的生活节奏太快了，尤其是一线城市的年轻人，更是来去匆匆，早起睁开眼就开始了"打工人"的新一天。挤在地铁里的时候，我们不禁会好奇：古代人的一天是怎么度过的呢？和古代人相比，我们是不是更幸福了呢？

一聊到古代人的生活，马上浮现在脑海的就是这八个字——日出而作，日落而息（一说"日入而息"）。这跟我们中的有些人每天在太阳升起来的时候上班，在太阳落山的时候收工是一样的。我们也是"日出而作，日落而息"的节奏，只不过古代人比我们起得更早，睡得更早而已。

古代人的作息时间究竟比我们早多少呢？夏天的时候，他们会在五六点起床，要是睡个懒觉的话，大约会赖到七点吧，晚上在八九点吹灯躺下。这么看来，他们早上比咱们早一两个小时起床，晚上比咱们要早两三个小时睡觉（"熬夜党"不算哟）。

很多朋友表示自己早上起不来呀，特别是周一的时候。一般都是定的闹钟响了一遍又一遍，我们才勉勉强强地从被窝里钻出来。要是没定闹钟的话，我们一准要迟到。

那古代人呢？在没有闹钟的古代，他们是怎么做到准时起床

*早起耕地的古代人
[清] 焦秉贞《御制耕织图》（清彩绘本）之一，美国盖蒂研究所藏

的呢？要知道，古代的官府衙门、各个商行小铺也是有严格的考勤制度的。那些公务员和打工人都是怎么做到按时起床的呢？

其实，他们有很"天然"的闹钟。你一定听过"闻鸡起舞"的故事，"金鸡一鸣天下白"，在没有闹钟的情况下，古代人要想按时起床，确实会根据公鸡打鸣来判断时间（公鸡在光线和声音的刺激下形成了特有的生物钟，会在清晨准时打鸣）。

但是，你要是认为古代人只依靠公鸡打鸣来判断时间的话，那就太小瞧他们了。毕竟在古代也不是人人家里都养公鸡的，即

＊古代人正忙着打谷子，一旁的鸡在啄食遗留的谷粒

[清]焦秉贞《御制耕织图》（清彩绘本）之一，美国盖蒂研究所藏

便养了公鸡，万一它哪天精神不佳，岂不是"掉链子"了？

古代人还能依靠其他动物的叫声来判断时间。

（1）驴的鸣叫。驴有一种习性，它会很规律地在五更和正午时候长鸣。袁淑在《庐山公九锡文》中写道："应更长鸣，毫分不忒。"由此可见，驴鸣的时间非常准，误差很小。

（2）猿猴的鸣叫。有些古代人居住在比较幽静的环境中，就可以依靠猿猴的鸣叫来判断时间。陆游就曾在《题山家壁》中写道："山中无传漏，猿鸣知既夕。"

（3）鸟和蜂的鸣叫。有些古代人仅凭看到的小鸟和黄蜂就能判断时间，南宋哲学家薛季宣在诗中写下"宿鸟司更漏，黄蜂集晚衙"就是证明。

这些一看就是住在乡野的古代人的福利。那住在城市、皇宫大内、官署衙门的古代人,在看不到上述那些动物的时候,要怎么判断时间呢?

聪明的古代人还有一些我们想不到的招。

《周礼》中有记载:"鸡人:掌共鸡牲,辨其物。大祭祀,夜呼旦以叫百官。""鸡人",顾名思义,即专门学鸡叫给大家报时的人,也就是专业报时员。这样的"人工闹钟"可以让百官准时起床,让皇帝不睡懒觉,按时上朝。可是人们听久了"鸡叫"会产生审美疲劳,于是学鸡叫又改成了唱歌等形式。后来,出现了我们很熟悉的打更。更夫通常是每到一更播报一次时间,一直报到五更(凌晨三点至五点)。这份工作听着很辛苦吧?但你知道吗,那些更夫可都是"事业编"哟,这个话题咱们在"职场篇"再好好聊。

古代厕所是什么样的？
没有手纸的古代人上完厕所怎么办？

古代人起床之后要干吗呢？嗯，第一件事是上厕所。

实话实说，古代人的厕所确实不如现代的抽水马桶方便，但是也没有我们想象中那么脏。古代有一种厕所——圂（hùn），是修建在猪、羊、牛圈上面的。人得爬到二楼往坑里排泄，这样粪便还能作为家畜的辅助食料。这种厕所听起来就很简陋，而且一不小心还会让人有生命危险。春秋时期的晋景公就是掉进粪坑之后溺死的。

古代人发觉，只用木板的话也太不靠谱了。他们吸取教训，于是就有了蹲坑式厕所。在西汉梁孝王墓（位于河南省永城市）中，考古学家惊奇地发现了冲水式厕所。

说到厕所，我想你肯定还会好奇：古代没有手纸，他们上完厕所用什么擦屁股呢？

最早是用厕筹。

"厕筹"，又叫"厕简""搅屎棍"，其实就是长约20厘米的小木片、小竹片。古代人就是用这种东西擦屁股的。这个习惯从东汉时期持续到了宋代。

因为木片、竹片是有刺的，直接使用很可能会划伤自己，所

以古代人会先打磨好厕筹。宋马令《南唐书·浮屠传》中有记载："后主与周后顶僧伽帽，披袈裟，课诵佛经，跪拜顿颡，至为瘤赘。亲削僧徒厕简，试之以颊，少有芒刺，则再加修治。"连南唐后主李煜，也会先用脸颊试一试厕筹光不光滑，以免用的时候划破师傅（僧人）们的屁股。

但是，大多数普通老百姓并没有使用厕筹的习惯。如果是在野外方便，他们会就地取材，使用树叶、鹅卵石、土块等随便擦一下。不得不说，古代人确实生猛。

那么，他们是什么时候用到的手纸呢？

虽说纸在西汉时期就发明出来了，但由于生产力水平有限，价格非常之高，因此没有人会想到用它来擦屁股。直到唐宋时期，在皇宫和一些大户人家中，才有人开始使用粗糙的手纸。皇宫里还有一个部门是专门负责整理、采购净纸的。净纸与如今大家使用的手纸一样，都是专门用来擦屁股的纸。元代开始推崇使用手纸，明朝出现了一个专门为皇宫生产手纸的机构——宝钞司。明清时期，手纸的使用才变得相当普遍。

现在，我们随手就能用上柔软的纸，古代人应该特别羡慕咱们吧！

没有香皂的古代人怎么洗澡呢？

在古代，是没有热水器、沐浴露、洗发水的，那古代人通常多久洗一次澡呢？他们用什么来洗头发呢？现在有传言称，古代的女性一辈子只洗三次澡，这是真的吗？那她们会不会浑身臭臭的，都是一副蓬头垢面、邋里邋遢的样子呢？

其实，古代人洗澡的流程可比我们讲究多了。我们说的"洗澡"，就是把身体洗干净，"顶配"也就是去澡堂洗澡：泡澡，搓背，按摩。可古代人却把洗澡分得特别细，细到我们可能无法理解的程度。

东汉许慎在《说文解字》中写道：沐，濯发也。浴，洒身也。洗，洒足也。澡，洒手也。古代人真是文雅啊，他们所说的"濯""洒"都是洗的意思。要知道，古代的沐浴与现代的洗澡，在意义上是有区别的。因此，我们只有把沐、浴、洗、澡的解释全部结合起来，才算是弄明白真正意义上的古代的洗澡。

秦汉时期，人们用皂荚来洗衣服和洗头发。皂荚纯天然、无污染，到隋唐时期已经成为人们的惯用物品。除了皂荚，古代人还有一样可以润滑皮肤，当沐浴露用的东西——猪胰子，就是猪的胰脏。它除了能够润滑皮肤，还有很强的去污力。为了增加其清洁力，他们会在猪的胰脏中加碱。因为碱的气味大，他们还会

*古代人沐浴时用的取水器
[战国]带盖蟠虺纹铜浴缶，
四川博物院藏

再添加一些香料，这样使用时就会有各种的香味。这种皂不光能洗身上，还能洗脸，在古代特别受欢迎哟！

西周时期，沐浴礼仪便逐渐成为定制。古代人不仅把沐浴视为洁净身体、润肤养身的生活习惯，还认为其在修身养性方面有重要意义。在重大的祭祀活动之前，都要沐浴净身，表示内心的洁净与虔诚。

《礼记》中有记载，古代人每日早起要沐浴更衣；妻子不和丈夫共用一个浴室；晚辈要每隔五天为父母洗一次澡，每隔三天为父母洗一次头发。这期间，如果父母的脸脏了，要烧淘米水为父母洗净；如果父母的脚脏了，要用温水为父母洗净……相关礼仪都规定得清楚明白，只是像这样的老传统，我们中能做到的人很少了。

值得一提的是，到了汉朝，朝廷制定的《汉律》中规定了"吏五日得一下沐"，也就是说，官员们上了五天班之后放假一天，让官员们可以在这一天回家洗澡、休息。这样的福利对当时的官员来说真是太好了。到了唐朝，皇帝对洗澡的事情看得就没那么重了，于是改五为十，让官员每十日一休。但是，他们当时的思想观念还是身体"不可示人"，因此，他们一般都是在家里洗澡。

直到宋朝，才有了"澡堂文化"。宋朝百姓的生活条件很好，澡堂应运而生，也就有了搓澡师傅。苏轼曾在《如梦令》中记录下了自己去搓澡的有趣时刻："轻手，轻手，居士本来无垢。"宋朝的澡堂，还分为"官汤"和"民汤"两种，前者只为官员服务，后者则面向平民老百姓。

至于"古代的女性一辈子只洗三次澡"的说法，完全就是谣言。但古代人不经常洗澡大概是真的，这是有依据的，不少文人的诗文里都有记录。比如说，唐代大诗人白居易曾写过一篇《沐浴》，他在文中写道："经年不沐浴，尘垢满肌肤。今朝一澡濯，衰瘦颇有馀……"原来，他已经好几年没洗过澡了，这一次洗澡，把他满身常年累积的污垢洗掉，体重都变轻了呢。还有宋代的王安石，他是不爱洗澡的典型。有一次，家人发现王安石的脸看起来特别黑，以为他是生病了，急忙去请郎中来诊治。郎中看见王安石后，轻描淡写地说："他没啥病，就是脸上的泥太厚了，洗一洗就好啦！"脏兮兮的王安石甚至在上朝时，被发现有虱子在他的胡须间乱跑，皇帝和他的同事们都惊呆了。

为什么古代人不爱洗澡，是因为他们真的不爱干净吗？可能并非这个原因。

古书《三元延寿参赞书》中有记载："频浴者，血凝而气散，体虽泽而气自损，故有痈疽疮疖之疾者，气不胜血，神不胜形也。"当时人们认为洗澡的次数多了容易受到外界风邪的侵害，所以不提倡太频繁地洗澡。到了清朝，魏源在《海国图志》中曾提过东南亚某地区"人多不寿，五六十岁为上寿"。他认为当地人不长寿的原因主要是"频年沐浴，元气发泄"——洗澡的频率太高啦。可见，在古代人看来，洗澡可能意味着送命，所以他们也就不怎么爱洗澡啦。

*每年三月上巳日到水滨洗濯，以除凶去垢，谓之"祓禊"
[清]樊沂《宴饮流觞图卷》局部，美国克利夫兰艺术博物馆藏

另外，在很多古装类影视作品中，男人基本都是留长发的。那么，古代的男人都留长发吗？

没错，他们不仅要留长发，还要留胡须。在古代，无论男女，都留长发，而且是越长越好。他们几乎都不剪头发，顶多修理一下鬓角，而且古代人对"三千发丝"劳心劳神的程度，不是我们现代人所能想象的。

那么问题来了，为什么古代人这么重视头发呢？

一是因为思想观念——"身体发肤，受之父母，不敢毁伤，孝之始也"。古代人认为头发、胡须是身体的一部分，和手脚一样重要，虽然剪断头发后不会流血，但是身体的精气神会慢慢流失，会缩短寿命；而短寿也是不孝的表现之一。所以剪发和孝道有着极其密切的联系。假如穿越到古代，你的发型是寸头的话，可能就要被官府抓走了，而官府抓你的原因就是不孝。毕竟，不孝的古代人可是会被杀头的哟。

二是因为头发是等级和身份的象征。古代有一种刑罚叫作髡刑，这是一种比杀头还要重的刑罚。古代人要是想贬低犯人的人格尊严，就会剪去犯人的头发。

换言之，在古代，如果一个人是断发或无发的样子，那这很可能就是他地位低下的表现。因此，在满清入关，多尔衮强制要求汉族的男人们剃头、留辫子，并扬言"留头不留发，留发不留头"的情况下，当时不仅老百姓强烈反抗，连前朝的很多人也不愿意为清军效力。

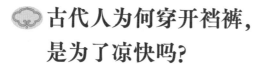# 古代人为何穿开裆裤，
是为了凉快吗?

我们在婴儿阶段穿开裆裤，是为了通风、为了大人给我们更换尿布和清洗臀部时方便一些。不过，我们本节的重点不是要讲小孩穿开裆裤的利与弊，而是专门讲一讲古代人为什么穿开裆裤。

事实上，不管愿不愿意，古代的男女老幼都是穿着开裆裤的。为什么他们会穿开裆裤呢? 是为了节省布料吗，还是为了凉快呢?

早先，还没有裤子的时候，男女都是穿"裳"（类似现代的裙子）。

到了春秋时期，史书上才有了关于裤子的记载。这时的裤子被称为绔或者胫衣。古代人用"一双"来形容这种裤子，因为它们像袜子一样，两个筒是分开的。穿这种裤子就像是将两只护膝套在腿上，可以更好地保暖，但"裆"仍然是开着的。

不过，我国自古就注重礼仪，人们在生活中穿开裆裤确实不太方便。那古代有没有穿合裆裤子的时候呢? 当然有!

战国时期，著名的政治家、军事家赵武灵王推行了"胡服骑射"。他在组建骑兵部队时，破天荒地摒弃了往日有着宽大衣袖的衣服，改穿短衣短袖的胡服。他创造性地制成了类似现代裤子的合裆裤，

大为提高了赵国军队的战斗力。可惜的是，当时赵国只有军中才穿合裆长裤，在民间社会中，贵族和百姓们因不屑与游牧胡人为伍，并不接受合裆长裤，合裆长裤也因此没有得到普及。

到了汉代，合裆长裤逐渐被世人所接受。大多数人把它作为贴身衣物穿，相当于现在的秋裤。为了与"胫衣"区分，汉人给合裆裤取了个新名字——"裈"。大文豪颜师古曾注《急就篇》，对此专门做过解释："合裆谓之裈，最亲身者也。"所谓"亲身"，就是贴身穿着的意思。即便如此，还是有人出于礼仪考虑，会在裈之外穿裳，特别是一些追求繁文缛节的贵族们，会在裈的外边再套上一层开裆裤，然后再穿上裳，以突显精致的仪式感。至于普通人家，平民为了干活方便还是直接穿着的。

但是无论富贵贫贱，女子在干活、闲暇时，都必须在"裈"或"绔"的外面套上一层裳，而且她们不能随意提起裙摆，否则便会被视为有伤风化，不只名节会受损，可能还会面临牢狱之灾。

既然古代人如此注重礼仪，那么在正式场合，不管是坐着还是跪着，穿开裆裤都很不雅观，这该怎么办呢？

那时的贵族们制定了一整套行坐之礼来约束人们的行为，对坐姿的要求极其严格。有一种名为"踞"的跪坐坐姿，是古代人认为最合乎礼法的坐法，即两膝着地，臀部坐在小腿或脚跟上，上身挺直，这样看上去非常稳重、端庄。但这样坐的时间久了，腰也会受不住，从小腿肚到大腿根还会酸痛，甚至抽筋，真是让人浑身难受、痛不欲生。

这种由开裆裤衍生的坐姿礼仪，后来还"漂洋过海"，传到了日本和韩国，他们在一些比较注重仪式感的场合，依然会采取

織
青燈映悵養略磚
鳴井闌乳小撲膏
手觸容柔已寒草
勸度絮絘始穠成
一端寄言羅綺伴
當念麻苧草

* 忙着织布的古代人
[清] 焦秉贞《御制耕织图》
（清彩绘本）之一，美国盖
蒂研究所藏

正襟危坐的跪姿，以示对别人的尊重。

汉朝以后，开裆裤在很多时候还会作为妇女出嫁时的陪嫁物品。直到清朝结束，"开裆裤"才逐渐消失在历史长河之中。

所以，开裆裤也好，合裆裤也罢，它们的出现都符合当时的社会需要，是当时人们普遍认可的生活方式，并不是单单为了节省布料、凉快。

* 古代人坐时两膝着地，臀部压在脚跟上

［秦］跽坐陶俑，陕西历史博物馆藏

古代人穿衣服不能任性，穿错颜色要遭殃

这是一个有"颜色"的话题，现在很多影视作品里的服装设计都会出现这样一种状况——不管背景是什么朝代，服装都是五颜六色的。事实上，古代人根本就不会这么穿衣服，他们对颜色可是有讲究、有偏好的哟。虽然古代人也想穿得好看，但他们绝对不会像影视作品中那样花里胡哨的。他们要是将颜色混搭的话，很有可能会被官府抓走判刑，甚至掉脑袋。

古代人的"五色五行"

讲到颜色，就必须先从"五色五行"说讲起。

这是早期的一种朴素的唯物主义观点，最早是由商纣王的叔父箕子向周武王陈述治国大道时提出的。当时他讲了九条策略，被后世称为"洪范九畴"。其中第一条就是"五行说"——古代人把世间事物都纳入了五行的体系里，比如，五声：宫、商、角、徵、羽。五味：酸、苦、辛、咸、甘。五气：寒、风、热、湿、燥。

五时：春、夏、长夏、秋、冬。

日出东方，与木的生发特性相似，所以东方属木；南方炎热，所以属火；日落于西，与金的肃降特性类似，所以西方属金；北方的寒冷与水的特性类似，故属水；中央象征承载受纳之力，所以称之为土。由此，与之对应的"五色"也就孕育而生了。木色青，火色赤，土色黄，金色白，水色黑，古代人将五色和五时一一相对，然后将之用在天子的生活起居之中，即根据季节更换天子的居室、衣服配饰、车马、旗帜仪仗等的颜色。

＊光武帝的衣着以红色为主
［唐］阎立本《历代帝王图卷》局部，美国波士顿美术博物馆藏

* 唐太宗的衣着以黄色为主

[宋]《唐太宗立像》摹本，台北故宫博物院藏

后来，阴阳家邹衍创造性地提出了一个让大家非常感兴趣的新理论——"五德始终"说，他认为一个朝代的兴起与终结，犹如五行转换，相生相克，无止无尽。五行之中存在着生克制化的规律：木生火，火生土，土生金，金生水，水生木；木克土，土克水，水克火，火克金，金克木。

这听起来有点玄学，但很受古代帝王欢迎。秦始皇是历史上第一个运用"五德始终"理论治国的君主。他推断周朝是占火德而得天下，水克火，秦国灭了周，应是占水德，于是秦朝尚黑色，还施行了水德的政令制度。

现在看来，这听起来似乎没有特别的依据，只不过是统治阶级想要表明其正统身份罢了。但没办法，谁让皇帝就信这个呢。比如，汉文帝崇尚土德，所以他是历史上第一个穿黄袍的皇帝，但东汉的光武帝刘秀崇尚火德，穿的衣服又以红色为主。所以，看见了吧，皇帝崇尚什么也会变来变去，所谓治国理论不过是为统治阶级服务罢了。

黄色为皇家专用色

看多了影视作品，可能大多数人都以为皇帝就应该穿黄袍。这其实是隋、唐两朝的皇帝都比较崇尚"皇天后土"的说法，以黄为贵，黄袍也就成了皇帝衣着的专用颜色。据《唐六典》记载，隋文帝着"柘黄袍"，柘黄就是用柘木汁染成的赤黄色。这个时候，老百姓还是可以穿黄色衣服的。可是，后来老百姓为什么就不能穿黄色衣服了呢？原来是李渊下的诏令——"士庶不得以赤黄为衣服"。自此，黄色就成了帝王家的专用色。若有人在起居生活中用到了黄色，皆为谋反，有可能还会被灭九族。

官服颜色有讲究

官服的不同颜色能体现出官职的高低之别。以唐代为例，当时不同等级的官员其官服的颜色不同：三品以上用紫色，五品以上用绯色（红色）。我们现在还会用"大红大紫"表示一个人富贵发达，不过这两种颜色的衣服要是搭配不好的话会被人笑土气。

紫色	红色	绿色	青色
一品至三品	四品至五品	六品至七品	八品至九品

到了明朝，统治者可能是嫌官服的颜色太复杂，便重新做了规定：一品至四品用绯色，五品至七品用青色，八品至九品用绿色。红色也就成了继黄色之后的最高贵的色彩。

可见，古代服装的颜色，是有划分社会等级的作用的。所以，古代人在穿衣打扮、修建房屋时都要遵守一定的颜色规则。我们现在随心所欲地穿不同颜色的衣服、购置各种颜色的家具，在古代人看来是绝对不可以的。在古代，这可是严重"僭越"，是要掉脑袋的！

红色为吉，白色为凶？

其实，关于红色、白色到底是代表吉还是凶的问题，答案并不是固定的，它是随着朝代更迭不停变换的。

我们普遍认为红色为吉，我们熟知的"朱门"就是帝王赏赐给诸侯大臣的器物之一。周朝时期，只有贵族阶层才能用朱红的车马器具，穿以红色为主色调的华丽衣服。周王常常将红色的靴子、旗子、带子等作为赏赐品赏给臣子。古代老百姓也是可以用喜庆的红色的，只是没有现在这么普及、随意而已。

不过，古代也是有以白色为吉的时候的。

《礼记·王制》中就有商朝"缟衣而养老"的记录，"缟衣"就是白衣。《吕氏春秋》中也曾提到商汤之时，"其色尚白"，这里的白衣就是一种吉祥的服装，可见白色在那时是很流行的颜色。

三国时期，曹操不喜欢繁文缛节，为了做表率，他平时就戴白色帽子，连参加重要宴会都不摘下来，使得当时戴白色帽子成为一种时尚。

《晋东宫旧事》中有记载：太子纳妃，有白縠、白纱、白绢衫，并紫结缨。原来，在喜庆的婚礼上也曾流行穿白衣。

到了宋代，当时服饰的色彩特征是质朴素雅，以淡雅为尚。

* 虢国夫人及其眷从盛装出游

[宋]《虢国夫人游春图》摹本，辽宁省博物馆藏

宋人不像唐人那样喜欢花红柳绿，宋人特别喜欢白色，他们的服饰讲究"内圣"——于细微处见心思。宋仁宗就常穿白色的圆领袍。这时流行的白色不是单纯的白色，而是富有层次感的白色，比如月白、青白、珠白、粉白等各种白色。

那么，从什么时候起，白色变得不吉了呢？

大概是始于汉代，《礼记·曲礼》中有记载："为人子者，父母存，冠衣不纯素。"意思是父母健在的时候，我们不能穿戴纯白色的衣服和帽子。（注意这只是源于汉代，还不是社会共识。）

直到南宋，白色服饰才被官方以正式文件的形式加以禁止。《宋史·舆服志》中有记载："乾道初……纯素可憎，有似凶服。"南宋的新都在杭州，那里气候炎热潮湿，原有的官服标准不能适应新的环境。官员们为了追求凉快，白色的凉衫便成了他们日常穿着的首选，有些官员甚至在公务场合也不穿章服。一些卫道士就提出要禁止白服，便有了"凉衫祇用为凶服矣"的说法。但其实白色服饰并没有被完全禁止，只是在正式场合这项规定才会得到落实。

为什么绿色不招人喜欢

我们再来重点说一说绿色。

民间常以绿色、碧色、青色为贱色。《七修类稿》中有记载，春秋时期，有"货妻求食"的人会"绿巾裹头，以别贵贱"。三国时期，魏文帝曹丕在制定九品官位制度时，把绿色定为官职最低的官员所穿的衣服颜色。这一制度后世基本沿袭了下来，明代八品、九品的官员就是身穿绿色的官服。元、明、清时期，在民间，只有娼妓、优伶等"贱业"中的人才会将绿色用于服饰。《中国娼妓史》中有记载：后人又呼妻女卖淫的人为戴绿头巾，或叫戴绿帽子。人们一看到头戴绿头巾的男人就知道他的妻女是娼妓，现在"绿帽子"被专门用来讥讽那些妻子有外遇的男人。

* 汉代深衣是多数女性的礼服。可以通过不同的颜色、质料和佩绶来区分身份的尊卑高下
[明] 仇英《汉宫春晓图》局部，台北故宫博物院藏

古代人的衣袖那么大，装东西不会掉出来吗？

　　我们在影视作品里经常可以看到古代人身穿宽袍大袖，还会将各种东西放在衣袖里，银子、扇子、诗稿、酒杯、酒壶，好像统统都能装在袖子里。大家不禁会好奇：是所有人的衣袖都那么大吗？那些装在袖子里的乱七八糟的东西会不会掉出来呢？

　*名士们的衣袖较为宽大

　[清] 樊沂《宴饮流觞图卷》局部，美国克利夫兰艺术博物馆藏

宽袍大袖

　　我们先来说一说衣袖。古代人所穿的衣服并不全是宽袍大袖，古代衣服分为常服、礼服等，不同的场合有不同的着装要求。人们日常穿的衣服袖口紧小，腰间有束带，这样在进行日常劳作、锻炼身体、吃饭的时候会比较方便。普通百姓大多都穿这种衣服，随身携带的散碎东西就直接揣怀里。那些身穿宽袍大袖的都是官员、贵族、有钱人，他们不怕大袖子费布料，也不怕拿东西时不方便，毕竟他们在出门的时候是有仆人跟随的，不用亲自拿东西。

* 劳动者的衣袖较为窄小

　　[清] 樊沂《宴饮流觞图卷》局部，美国克利夫兰艺术博物馆藏

袖内有乾坤

虽然袖口看起来很大，但是装在里面的东西一般是不会掉出来的。因为在袖子的内侧，古代人会缝一个口袋，就像现在我们的外套或裤子上的口袋。这个口袋是梯形的，窄的那一边是开口，与袖口的方向相反。这样，即使里面放了东西，人们在作揖或者弯腰的时候，口袋中的东西也不会掉出来。不过口袋里只能装小件物品，那时人们多用这个口袋装钱财，所以形容一个人没钱或者官员比较清廉的时候，可以用"两袖清风"这个词。

古代人要是外出时，需要携带大件物品的话，会怎么办呢？他们当然有办法！他们会在袖子里靠近胳膊肘的位置缝制一个很大的口袋，袋口朝斜上方，只固定袋口，袋底不固定。这样携带物品时，无论胳膊怎样摆动，口袋都会自然下垂，行走时，只要胳膊稍微弯曲，口袋就自然地依附在胳膊上了。即使行作揖礼，口袋里面装的东西也掉不出来！东晋医学家葛洪曾写过一本医书——《肘后备急方》，"肘后"有随身携带的意思，就是告诉大家这是一本可以塞在口袋里的临床急救书。

衣袖大的好处

说起来，衣袖大的好处有很多。

一是方便取物。在古代，文人比较注重礼仪，他们觉得在公众场合时，从袖子中取物要比从怀里掏出东西雅观。

二是表示尊敬。古代人参加宴会时，饮酒、喝茶都不能像现在直接端起杯子，当面饮用。那时的人们讲究礼数，是不能让别人看到自己张嘴饮酒、喝茶的，所以宽大的袖子可以挡住别人的视线，以此来表示对别人的尊敬。

另外，袖子还能当毛巾、手帕等，可以用来擦泪、擦汗、遮面、遮阳，非常方便！《晏子春秋·杂下》中就写有"张袂成阴"，"袂"就是衣袖，意思是人们张开衣袖便可以遮蔽天空，用来形容人口众多。辛弃疾也曾写下"倩何人唤取，红巾翠袖，揾英雄泪"，表达他希望有知己能用衣袖为他擦干眼泪的情感呢！我们经常能看到古典小说或者古代的文章上有"掩面""掩涕""掩泣"等动作，完成这些动作用的就是宽大的衣袖呢！

最后，古代人需要宽大袍袖，还有一个非常重要的需求——在庄严的礼仪中，换上有宽大衣袖的礼服，能增强满满的仪式感，突显庄严、稳重。

古代人没空调，怎么过夏天？

　　以前夏天的温度未必就比现在低很多，三伏天也很热。古代人既没有空调又没有电风扇，他们是怎么熬过炎炎夏日的呢？从各类古代文献、小说以及很多出土文物中，我们可以发现大量古代人日常生活的线索，尤其是在高温、闷热、潮湿的夏天，古代人可是相当有智慧的，他们用了很多低碳环保的高招、妙招来消夏避暑。

　　你也许想不到，古代竟然也有空调房——"凉屋"。早在唐代，一些有头有脸的大人物就建有这样的房子。一般情况下，凉屋都是傍活水而建，屋里面有工具叫扇车，类似水车的样子，水能推动扇车转动，把凉气送入屋中，或者就建个水车把水送到屋顶，然后水就会顺着屋檐哗哗地流下来，变成"人工水帘"，屋里面自然就凉快了。

　　凉屋出现以前，人们也可以抱着竹夫人睡觉。竹夫人不是人，而是一种用光滑青翠的竹皮编制而成的竹笼。当然，古代人也喜欢用瓷枕，我在博物馆里就见过这样的枕头（好像是宋朝的）。但是，你会不会很疑惑：古代人太不会享受了，瓷枕又硬又重，脑袋枕上去的感觉怎么会比我们现在用的软枕头舒服呢？原来，古代的瓷枕表面有一层釉，摸着冰冰凉凉的，"半窗千里月，一

枕五更风",夏天枕在上面睡得可是相当惬意呢!还有壬癸席和冰丝茵,古代人在选择床品上也是下足了功夫,夏天用起来会很凉爽。

到了宋朝,富贵人家对凉屋进行了升级改造——加了一个空气净化的新功能。凉屋建起来后,往大厅里面摆上一堆堆的鲜花,这样扇车转动时,就能将裹着花香的凉风一起送进屋子,堪称古代版空气净化器。

明清时期,皇家宫殿里面有了人工冰柜。这种冰柜的上面是镂空的,可以让冷气散出来,中间还可以放一些西瓜、冷饮。后来,民间的老百姓也用上了这种原始"冷柜"。

你们可能会有疑问:古代怎么可能有冰呢?没冰箱怎么造冰呢?

各位有所不知,古代人虽然不会造冰,但是有保存冰块的好办法呀！而且，早在商周时期，古代人就已经掌握了藏冰避暑这门绝技。

根据《周礼》的记载，周王室当时为了保证冬天的冰能保存到夏天，还专门成立了"冰政"这个官方部门，负责人被称为"凌人"。这个部门有多名正式员工，他们专门负责在隆冬时节开始采集天然冰块，运至冰窖中储存。冰窖在当时被称为"凌阴"，建在地下阴凉的地方。他们会用新鲜的稻草跟芦席铺到地上，然后把冰放到上面，再覆盖稻糠、树叶等隔温材料，最后密封窖口，待来年享用。每到夏天，周天子还会举办隆重的"颁冰礼"，按级别把藏冰赏赐给官员们解暑，以示天恩。后来历代也多有效仿。根据考古发现，河南新郑、河北易县、陕西咸阳等地都发现了战国时期的凌阴井。

为了方便盛放取出来的大冰块，古代人还用青铜制造出原始冰箱——冰鉴，专门用来放小冰块，以备平常使用。说到冰鉴，它的结构相当科学：外壁和内壁之间留有很大的空间，形状如同一个"回"字，好比今天暖水壶的外壳和内胆，具有冰镇和储存的双重功能。那个时候，人们很喜欢在夏天用冰鉴来冰镇米酒，尤其是地处南方的楚国人，他们还是相当会享受的。

当然，古代能有储冰室、用冰鉴的人都是王公贵族，普通百姓是用不到这些东西的。比如，西汉梁孝王刘武死后葬于芒砀山（今河南省永城市），因为那时候流行厚葬——一切都如生前一般，所以考古时就发现墓葬中有一个冰窖。

到了唐朝末期，有些工匠在开采硝石、生产火药的时候偶然发现了硝石另外的用途。硝石的成分是硝酸钾，它溶于水时会吸收大量的热，水就会结成冰。于是出现了人工造冰，工匠们将水放入小罐内，然后取一个更大的装有水的容器，将小罐子放在盛有水的容器内，并不断地往容器中加硝石，这样罐内的水就结成了冰。这样，即使是在夏天也可以造冰了。

*古代人在树下放一平榻并平卧其上，身后放一扇屏风遮光
［宋］《槐荫消夏图》，故宫博物院藏

古代人是怎么御寒保暖的呢?

众所周知,古代是没有空调、暖气等可以取暖的电器的。大家有没有好奇过:古代人是怎么熬过寒冬的呢?我想,他们肯定离不开热水、热酒、热食、热屋子!

保温杯

北方天气转凉后,我通常会拿一个双层玻璃的保温杯,用热水泡一点枸杞、茶叶、菊花,毕竟喝热水能起到保暖的作用嘛。其实,保温杯对古代人来说并不算稀奇,早在战国时期,就有人懂得用中空的保温杯泡保健茶啦。2012 年,我国考古学家鉴定出了一个战国时期的陶杯——这个罐形陶杯为细泥黑灰色陶质,呈半枣核形状,外套一个平折肩陶罐,陶杯与陶罐之间中空,明显具有保温的效能。

暖水瓶

为了方便存取热水，古代人也会用到暖水瓶。据考证，我国最早的暖水瓶出现于北宋后期，这种暖水瓶也被称为"暖水釜"。两宋时期，商品经济异常繁荣，暖水瓶常用在餐饮业中，《东京梦华录》中就有记载："至三更，方有提瓶卖茶者。"

* 据文献记载，宋朝时期已有暖壶，
其保温原理与近代暖壶相似
近代暖壶摄影图

这种暖水瓶长什么样子呢？其实，它的构造、样式基本是：玻璃为胆，水银为裹，宽口、长颈、长腹，瓶口有开启的瓶盖，还有把手，跟现在的暖壶差不多。听到这里，你也不用太吃惊，毕竟两宋时期的古代人已经用上玻璃啦！宋朝诗人杨万里就曾写下"敲成玉磬穿林响，忽作玻璃碎地声。"据说，当时的皇帝还将这种器物赐给出嫁的公主呢。

温酒器

古代人是很有智慧的，战国时期，他们就发明了一种既能保温又能储冰的容器——曾侯乙墓出土的铜鉴缶。它的造型奇特，

*古代人的青铜酒器
[战国]青铜冰鉴,
中国国家博物馆藏

工艺精湛,是一件具有特殊用途的大型酒具,为我国发现的最早的"冰箱",也是最早的"保温箱"。它由两部分组成:最外面的部分称为鉴,鉴的里面放一个尊缶。鉴与尊缶之间有较大的空隙,相当于把小盆套在大盆里,冬天在两者空隙中贮存热水,尊缶内盛酒,这样就可以喝到"暖"酒了。

保温盘子

宋朝还有一种名为温盘的东西。它长什么样呢?它是由上下两层瓷构成的:上层瓷薄,下层瓷厚,中间是空的。在这个盘壁上部穿 1—2 个圆孔(圆孔就是注热水用的注水口)。冬天,饭菜盛好后,从圆孔中注入热水,可以使盛放的食物保温,不会很快变凉。所以,宋人也把温盘称为暖盘,这是我国历史上一种"独具才智"的饮食器皿,非常值得骄傲呢。

除了喝热水、吃热食,古代人还会吃火锅御寒。早在两千多年前,古代人就吃上"涮火锅"了。当然,那时人们"涮火锅"

的锅还不叫"火锅",而是叫"青铜温鼎",出土于西汉大墓。

据考证,我们在两汉王朝海昏侯刘贺的墓中,发现了青铜温鼎。其分为上、下两个部分。上面那部分是放食物的,下面那部分是炭火盘。其整体由三足支撑,看起来跟咱们现在用的锅很相似。

这件文物刚发掘出来时,考古人员发现,这口锅还留有使用的痕迹,锅内有板栗等食材的残渣。有趣的是,考古人员在这口锅的旁边还发现了"涮火锅"的必备品——染炉,相当于我们现在用的蘸料碟。不过,那时候我国还没引入辣椒,因此是没有麻辣锅的,海昏侯也就没口福吃到麻辣火锅啦!

* 炊器。上部为一肚大口小容器,圜底下有一圆筒形炉腔。下部连接炭盘,用于放置炭火,炉盘一侧带流,可用于清扫炭渣。鼎内有板栗等残留物,炭盘里有炭迹。其功用与今天火锅或温食器相似
青铜温鼎摄影图,梁依依摄

暖宝宝

古代人在冬天怎么暖手、暖脚呢？我们现代人有暖宝用，古代人也是有小手炉用的。这种小手炉跟紫砂壶差不多大，它是铜制的，有圆有方，内放燃炭，以产生热气，手炉可置于袖中或怀中，方便暖和。据说这种小手炉是隋炀帝当年南巡时为了不受寒凉，特令工匠打造的。但也有专家认为这种小手炉是春秋时期楚国人发明的，而且他们喜欢把香草放入带孔的熏炉中，焚烧散气来去除潮湿。

古代还有脚婆，"婆"是一种戏称，就是指陪伴入睡的一种功能。这种脚婆是铜质的扁圆壶，上方有一个带螺帽的开口，能够将热水从这个开口处灌进去。旋好螺帽后，再塞到一个差不多大小的布袋里，放进被窝后，被窝暖和了，脚也暖和了。

* 古代人用的暖手炉
掐丝珐琅手炉摄影图，动脉影摄

室内取暖

火盆似乎是古代最常用的取暖工具。最早的火盆是用泥制成的，泥火盆的最大特点是传热慢，但保暖性能好。后来才逐渐有了铁、铜制的火盆。

汉朝时期，为了更好地抵御寒潮等极端低温天气，皇宫里建造了"椒房殿"，并将其作为皇后的寝宫。它能辅助取暖的原理就是用研磨后的花椒、一些花草植物和泥，然后将泥厚厚地涂抹在墙的内壁，形成一层"保温层"，这样在宫殿中的人就不会感到寒冷了。花椒在现代很便宜，但在古代可是稀罕物，是被当作珍贵香料的，它也是最早的麻香调料。《诗经》有云："有椒其馨，胡考之宁。"意思是说，馨香的花椒可使人安神且长寿。你如果能穿越回古代，那就带一包花椒去古代吧，这样你就秒变大富豪了。

明朝后期，能工巧匠们设计出了非常先进的地暖系统。他们将宫殿的墙壁砌成空心的"夹墙"，墙下挖有火道——为了防止明火走水，采取暗火的形式，用加热的烟通过管道加热地砖，达到取暖的目的。

其实，古代人用于室内取暖的花样也多，富人常用炭火取暖，有的人还会在家里设置屏风，放置熏炉和火盆。他们常常选择用狐、貂、豹等动物的皮缝制保暖衣物。穷人的取暖方式就相对贫乏一些，他们多用引燃后的木材、稻草放在盆中取暖，保暖衣物也多是将苇草、鸡毛等填充在夹层里的袍或袄。

古代男子最时尚的发型是什么？

古装类影视作品里，汉族男子清一水都是长发。难道男子的发型就不会像女子的发型一样多变吗？

古代人虽有"身体发肤，受之父母，不敢毁伤"这样的谆谆告诫，但你们可别小瞧他们的审美情趣哟。我们隔三岔五地还想换个新发型呢，更何况连男子都有梳妆盒的古代人呢！

其实，古代男子的发型在各个时期都有独特的审美。

殷商时期，男子的发型以披发为主。不是他们想放飞自我，追求个性洒脱，而是因为"仓廪实而知礼仪"，食不果腹，一睁眼就要和豺狼虎豹搏斗来吃饱肚子，生活重心都在"怎么活下去"上，哪里还会有心思琢磨发型呢？所以，当时男子都是"披头散发"的样子。

周朝时，天子将"礼"作为治国之本，为此还建立了一整套烦琐、复杂的礼仪制度，以规范人们方方面面的日常行为。所以，从西周时期到明朝末年，男子的发型便有了统一的标准：以绾髻束发。在此期间，各朝男子的发型区别仅仅在于发髻外的装饰有所不同。

从出土的周朝的玉、石、陶制的中原地区的人物造型来看，周人都是将头发梳到头顶，挽成发髻束起来。原本发髻是小面团状，后来逐渐变成了锥子状，是为锥髻。当时的贵族男子，都是头顶上有发髻，并戴上冠，用笄——簪子穿过固定的。这是上层男子成年后的标准发饰，要由之前头发都是垂下来的垂鬖换成发髻。根据史料记载，男子二十而冠。古代人极为重视戴冠这一仪式，一定要挑选黄道吉日，找家族中德高望重的长辈为男子戴冠，这标志着男子已成人，可以娶妻生子，步入社会了。

因为重视头发，古代人还制定了一种看起来很残忍的刑罚——髡（kūn）刑，即剃去男子的头发。强行剃去犯人的头发，会对他们造成极大的心理伤害，而且会给他们招来社会歧视，简直比死刑还残忍。当然，现代人是不怕髡刑的，毕竟光头不过是一种现在常见的发型而已！

秦代男子的发型主要是中分、绾髻、带冠。参照秦始皇兵马俑，

* 陶俑的发型多样

　秦始皇陵兵马俑摄影图

你们便可知道当时男子流行的发型。从正前面看他们的发型：没有刘海，头发向顶端束起，但是头上的发髻略向左偏，是中分歪髻，以凸显男子阳刚之气。我觉得这个时期的男子发型还是很帅的，有一种刚劲之感。汉朝男子的发型与秦朝相似。

南北朝时期，绾髻当然还是男子的主要发型，只不过这个时候的人们钟情于戴头巾——幅巾，一种包裹头部的纱罗软巾，多出的部分会自然垂后，垂长一般至肩，也有垂长至背的。除此之外也多戴帻，就是束发的包头布，和幅巾差不多。魏晋时的帻形制和帽子相似，使用更加方便。值得一提的是，古代人为了显得飘逸，是会留有发髻，但绝不会像现在一些古装类影视作品里那样，耳后的头发都是散着的。将头发全部梳上去束好，这才是正宗的中原发型。

*白居易与其友人欢聚一堂，吟诗作画。他们所戴幞头的形式多样
[明] 谢环《香山九老图》局部，美国克利夫兰艺术博物馆藏

＊ 五代时期流行朝天幞头

武肃王钱镠像摄影图，动脉影摄

　　唐宋时期，男子为了在平淡无奇的发型上找到突破口，还想出了不少招，比如说簪花。我们中的很多人可能会觉得摘一朵花戴在头上多是爱美的女子所为，但在唐宋时期，男子簪花也是一件常事。

　　在聚会、郊游的时候，他们都会随手折下一朵鲜花插在自己的头发上。苏轼就曾写下："人老簪花不自羞，花应羞上老人头。醉归扶路人应笑，十里珠帘半上钩。"簪花不分年龄，老人家也可以将鲜花插满头。牡丹花盛开的时候在头上插牡丹，玫瑰花盛开的时候在头上插玫瑰，以此类推。这样的发型，你喜欢吗？

　　不过呢，古代人也有流行"非主流"发型的时候，比如辽、金、元、清时期。举个例子，契丹男子跟汉人头顶聚发完全不同，他们会将顶发全部剃光，仅在两鬓或前额部分留少量余发作为装饰。

　　清朝建立后，汉族男子被迫剃发，留长辫。清宫剧里的男子都梳着"瓜瓢头"：前半部分剃掉，后半部分编成发辫。但是，清朝初期的发式是金钱鼠尾，就是要把四周的头发剃光，只留下头顶一点点头发辫起来，像老鼠尾巴一样，留的发辫要比小拇指还细，能穿过铜钱中的方孔才算合格。这个发型真的不好看。现在影视作品中的阴阳头都是在清朝末年才慢慢出现的。

古代男子的爱美程度超乎你的想象

"公子如玉"是我们很熟悉的一个描述古代美男子的词语。在古代，男子特别注重外貌仪容，化妆之风非常盛行。

男子也有梳妆盒。

2002 年，我国在湖北枣阳发现了一处墓葬群，这是战国的楚墓群，其中出土了一件彩绘漆木折叠梳妆盒。

这个梳妆盒是由两块木板雕琢铰接而成，梳妆盒外部的图案非常漂亮，盒面以蔑青镶成外框，蔑黄嵌出几何纹图案，整体看起来非常精致小巧。盒内相应部位凿空，分别放着铜镜、木梳、

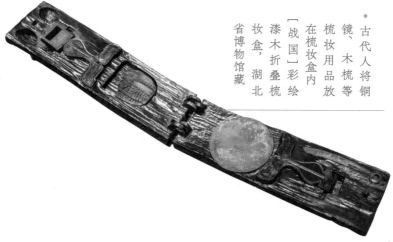

* 古代人将铜镜、木梳等梳妆用品放在梳妆盒内
[战国]彩绘漆木折叠梳妆盒，湖北省博物馆藏

刮刀和脂粉盒。铜镜颜色斑驳，带有绿色铜锈。这个梳妆盒非常便携，体积比现在的梳妆盒大不了多少。盒子的上下各装有一个可伸缩的支撑件，以便使用时承镜。除了功能齐全以外，更让人惊讶的是，这只精致的梳妆盒的主人竟是一位男性。

你们不要轻易地觉得会用梳妆盒的男子都是手无缚鸡之力的人。在长沙马王堆三号墓出土的汉初长沙国的高级军事将领——一个五大三粗的武夫的陪葬品中，就发现了有四个盛放梳妆用具的漆奁，奁内分别装有梳具、妆具、冠与冠缨等。

我们常常用唇红齿白来形容女子容貌美丽，实际上古代人也会经常用这个词来形容男子的美。换言之，古代的男子也非常爱美，他们很注意修饰外表，经常用刮刀修鬓角、刮胡子，并用胭脂修饰肤色，就像今天的女子天天要化好妆之后再出门是一样的。不夸张地说，古代男子化起妆来，也不比女子差。

古代男子也追求美白

所谓一白遮百丑，很大程度上是来源于古代人独特的审美。

秦朝末年，有个名叫张苍的美男子因违法被判了死刑。行刑那天，他被强制全身赤裸地趴在刑具上。正要行刑时，监斩官王陵看到张苍身材魁梧，全身白皙，真是美极了。王陵认为这样的美男子要是死了就太可惜了，于是刀下留人，请求刘邦对其宽大处理。结果就是，本来必死无疑的张苍因为皮肤白皙死里逃生。他后来还替刘邦扫平臧荼叛乱，删补《九章算术》，官至丞相。

我想，张苍的脸是很白、很漂亮的，他平时应该也是很重视个人妆容的。

古代男子为了达到"肤色白皙，宛如珠玉"的程度，无所不用其极。据考证，张苍这些帅哥们当时最爱用的护肤类化妆品便是面脂和口脂，他们擦的粉质多选自"米粉"，以米粉研碎制成。还有一种效果更好但会有副作用的，就是将白铅化成糊状的面脂，俗称"胡粉"，也叫铅华。成语"洗尽铅华"的意思就是不施粉黛，对古代男女都适用。

魏晋时期的何晏，被世人称为"傅粉何郎"，因他"美姿仪，面至白"。他每天都要补妆，不补妆就不吃饭，不补妆就不见客，不补妆就不出门……他每次出门都必须随身携带粉盒，堪称"补妆狂魔"。这是有历史依据的，同样爱美的魏文帝曹丕（一说魏明帝）都知道何晏因脸白而名扬天下。据说曹丕好奇心强，想知道何晏皮肤白是不是因为涂了太多粉，便在一个大热天里把他叫到跟前，故意赐他一碗热气腾腾的面片汤。何晏吃得大汗淋漓，只好用衣袖擦去脸上的汗，结果他的脸色反而更加光洁。这么看来，何晏除了皮肤天生白嫩外，说不定用的粉还有很好的防水效果。

三国时期，敷粉是曹氏"家风"。曹植也是爱美之人，《三国志·魏书·王卫二刘傅传》注引《魏略》曾记载，曹植仰慕一个叫邯郸淳的文人，一次邯郸淳来拜访曹植，曹植非常激动，但是他刚洗完澡还没化妆，尽管他非常想和邯郸淳见面，但为了敷粉，竟然让客人在大堂里等。

魏晋时期的男子还喜欢吃五石散——一种中药散剂，主要成分是钟乳石、紫石英、白石英、硫黄、赤石脂等。服用后有类似麻醉的功用，人可以进入一种恍惚和忘我的境界中，产生幻觉；食用过多，则会慢性中毒。据说，它还有美白养颜的效果，故多为世人推崇。

　　大书法家王羲之、王献之都吃五石散，可它毕竟有毒，吃完后会浑身发热，热到皮肤瘙痒。古代男人为了美，真是连命都不要了。

古代男子也擦口红

　　早在先秦时期，口红就已经出现了，其主要成分是朱砂。但是朱砂用于唇妆中，不仅颜色不鲜艳，还特别不持久。所以，到了秦汉时期，人们制作口红时在原来的基础上加入了动物脂肪，来增加口红的持久性和湿润度，直到现在，动物油脂依然是制作口红的重要材料之一。

　　魏晋时期，口红的制作技术大大提升，当时人们会把香料和朱砂一起放入酒中熬煮，再加入牛油，这样制作出来的口红会有香味。如果你穿越到

＊古代人用的粉盒
　影青釉菊花纹粉盒摄影图，
　动脉影摄

那个时候，可能会看到街上很多像日本艺妓那样的男子的脸。

到了唐代，口红开始分色号了，第一款棒状口红就是唐朝人发明的。皇帝会把口红当成礼物送给臣子，如唐高宗李治，堪称口红的收集狂人，碰上器重的学士，他总要挑些珍藏的口红赏赐给他们。上行下效，当时男子嘴巴都是红红的。

古代男子觉得白脸红唇不够过瘾，他们还喜欢像女子一样簪花，把花朵或花朵的饰物插在发髻、鬓角或冠上。古代文人雅士赏花饮酒之余，会"折花，歌以插之"。像李白、杜甫、苏轼、唐寅等男神都簪过花。

宋朝的皇帝，指挥作战的水平一般，但是爱美之心爆棚。宋真宗、宋神宗、宋徽宗都极其热衷簪花，尤以文艺青年宋徽宗为最，他每次出游都要"御裹小帽""簪花""乘马"才行。

沈从文在《中国古代服饰研究》中曾提及，宋代每遇大典、佳节、皇帝出行，公卿百官骑从卫士无不簪花。"牡丹芍药蔷薇朵，都向千官帽上开。"到了明代，男子簪花的习俗依然存在，比如明朝晚期的大宦官魏忠贤，他就喜欢每天把栀子花、茉莉花等戴满头。

现在很多男子耍酷，会打耳洞、戴耳钉，古代男子也毫不示弱。古代的耳饰叫"耳瑱"——是用玉、琉璃或漂亮的石头做成的。瑱有男女式两种，男子的瑱多称为"充耳""纩"，用于充塞耳孔，后悬于耳畔，看起来很有气质。

你以为这些就够了吗？不不不，古代男子还会文身，但可不是文青龙、白虎、关二爷，他们的文身多为鱼、龙、飞仙、花卉等，有的男子甚至会把诗词从脖颈一直文到四肢，乃至全身。

这么看来，古代男子爱美起来还真不输女子。

＊
衣着华丽的女子盥手时，眼
神被一盆牡丹吸引
［宋］《盥手观花图》，天津
博物馆藏

穿越回春秋战国，要怎么和古人交谈

很多年以后，假如我们真能穿越回古代。我们可以试想一下这个事情：面对古代人，我们首先要学习的应该就是语言吧。用我们现在的普通话跟古代人能正常交谈吗？

答案是不能。我们现在说的普通话，发展的时间其实并不长。你说普通话，古代人说古语，你们都听不明白对方说的话，大概只能干瞪眼！

春秋战国时期，百家争鸣，英雄辈出。如果你要穿越到这个时期，我会阻拦你，毕竟这个时期的语言环境异常复杂，那么多个诸侯国，各有各的发音，南边的楚国和东边的齐国的语言就不太一样。

可是，春秋战国时期，各国之间交往频繁，历史文献中有很多各国交往的记载。他们没有请翻译，是怎么做到沟通顺畅的呢？这就给穿越到这个时期的朋友们找到一条捷径：古代人十分重视各国之间的文化、经济交流，为了克服语言不通这一难题，他们发明了一种通用语言——雅言，"雅言，正言也"。这是我国古代最早的通用语，相当于现在的普通话。据史料记载，公元前 770 年，周平王定都洛邑，建立东周，洛邑的语言就渐渐成为整个东周时期的雅言的基础。孔子在鲁国讲学时，他的弟子不一定都是鲁国的，他们来自四面八方，说着各自的家乡话，彼此之间如何听懂对方的语言呢？如何听懂孔子讲的课呢？靠的就是洛阳雅言，孔子正是用雅言来教学的。《论语·述而》中的"子所雅言，《诗》《书》、执礼，皆雅言也"就是证明。

说到这里，你是不是就以为住在洛阳附近的朋友穿越到古代能有语言上的优势呢？其实不是这样的，现在住在洛阳附近的朋友说的话，跟那时古代人说的话完全不同！洛阳雅言作为中国最早的通用语言，其音系为华夏传统的上古音系。

古代汉语的发音大致经过了三个时期的变化，分别是上古音、中古音和近古音。上古音指从西周到汉朝的汉语发音，中古音指从南北朝到宋朝的汉语发音，近古音指从元朝到清朝的汉语发音。

春秋时期的雅言具体要怎么说呢？各位可以参考现在福建一带的闽南话。有学者认为，现在的闽南语、粤语、广东客家话和江浙吴语中保留了一些古汉语的发音。原因大概就是在胡人入主中原的时候，大家不断地南迁，把最初古汉语的发音带到了南方。经过千百年的演化，这些地方至今还仍有一些古汉语的发音。所以，准确地说，要是穿越到春秋战国，会闽南语的福建人才比较占便宜哟！

你们要是想要提前学习雅言，就以闽南话为学习典范吧，这样走遍天下都不怕！但是，毕竟古代语言的规则跟现在大不一样，所以如果真有科学技术能让人穿越的话，我建议你选择的时间别太早哟，唐宋时期的古代人也是听不懂普通话的，你想要沟通方便的话，就选择穿越回明清时期吧。

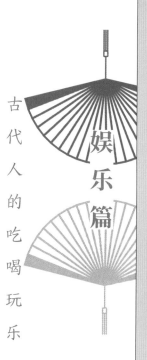

娱乐篇

古代人的吃喝玩乐

从前的古人生活慢

❀ 别惊讶，北宋就能点外卖了，
   连皇帝都爱点！

　　我想可能有不少读者像我一样，平时很"宅"，不喜欢逛菜市场买菜，也就不爱在家里做饭，吃饭全靠外卖。点外卖是一种非常便捷的现代生活方式，你想吃什么，就能点什么。哪怕是半夜两三点，你只要在网上下单，外卖员就会骑着车，风驰电掣般地送来，很是方便。大城市的生活节奏很快，现在无论是上班族，还是大学生，都离不开外卖。

　　但是，你以为点外卖是现代生活的产物吗？其实，还真不是，早在宋朝就有外卖行业了。上至皇帝，下至平民百姓，都会点外卖。

宋朝外卖产业的发达

　　没有时光机，我们无法穿越到 1000 多年前，但我们可以通过一幅画走进大宋，了解那个时代的繁华都市。这幅画就是我们都熟知的，赫赫有名的《清明上河图》。它是北宋著名画家张择端的作品。

《清明上河图》生动记录了十二世纪北宋都城东京城内、城郊的面貌。东京在当时是一个盛世之都，单从人口角度来看，东京在当时就已经是世界上数一数二的大城市了，人口比汉唐时期多很多。后世学者分析，北宋时期的东京人口数量在八十万至一百五十万之间。东京拥有大量的城市人口，自然意味着会有大量的社会活动，也就意味着这座城市富有活力和文化特色。

不扯远了，还是回到今天的外卖主题吧。

如果你仔细欣赏这幅画，就会发现《清明上河图》上有挎着食盒，匆忙行走的酒店伙计，也不知他正要往谁家送外卖。是的，那时就有了类似现在的外卖服务。当时的酒店可以提供"咄嗟可办"的叫餐服务。"咄嗟"就是顷刻的意思。当时的餐饮业极为

*一个年轻人从「脚店」里走出来

[宋] 张择端《清明上河图》局部，故宫博物院藏

发达，《东京梦华录》第三卷中就有记载："其余坊巷院落，纵横万数，莫知纪极。处处拥门，各有茶坊酒店，勾肆饮食。市井经纪之家，往往只于市店旋买饮食，不置家蔬。"意思就是说北宋当时人口密集，街市繁华，每条街巷都能找到茶楼、酒店、饭庄、娱乐场所。因为生意人太忙了，抽不开身，所以那些没工夫做饭的人就会去外边买饭，他们基本不在家做饭。

宋朝外卖行业的兴盛和当时餐饮业的发达是分不开的。跟今天一样，足不出户就能享受送餐服务。宋朝的酒楼以卖酒为主，兼营食品销售、承办宴会。两宋的都城开封和杭州酒楼的数量、规模都远远超过了前朝。根据古籍记载：北宋末年，开封的高档酒楼有 72 家。南宋杭州的高级酒楼有 30 余家。南宋的官营酒楼共有 13 家；民营酒楼著名的有 11 家，以熙春楼、三元楼、翁厨、任厨等为最。翁厨和任厨就类似于今天的私房菜，只不过一个是翁家开的，一个是任家开的。后来，《武林旧事》《都城纪胜》《梦粱录》等一些记录宋朝风土人情的书籍，也记载了宋朝的酒肆以及美食等资料。这些酒楼装修高档，风格各异，可见当时的餐饮业非常发达。在这样的环境下，外卖业务也就有了足够的供给保障。

宋朝都城的闲人不少，有些人无产无业，就以给酒楼跑腿来谋生，被称为"闲汉"。他们看见有钱的公子聚会喝酒，就主动跑过去帮忙、打杂，替有钱的公子买小吃、取东西、送东西。比如说，一个宋朝人想点外卖，又不愿意亲自去的话，就可以找这些闲汉到店里帮他下单。宋朝商贩的服务意识很超前，为了多做生意，他们常常挑着担子或者挎着篮子兜售，把小吃送到客人的面前。宋朝话本中就有很多这样的场景。《简帖和尚》中记载：开封城的一个茶坊，客人正在里面饮茶，来了一个小贩，叫卖鹌鹑馉饳儿（一说即"馄饨"），客人招手买了一份，那个小贩托着盘子进来，放到茶桌上，用竹签子穿好馉饳儿，捏些盐，放在客人面前。

我们现在点外卖就是在网上下单，然后等着外卖员送过来就行。但是，在宋朝点外卖和现在是不一样的，那时候需要有个人到饭馆去点菜，跟店家打个招呼，然后店家才会送食物上门，而且是货到付款。至于送外卖这种活，一般都是由店小二来做。《清明上河图》中就有送外卖的店小二。古代没有电动车、自行车，店小二都是靠"跑腿"来送餐，他们也没有统一的制服。无论是寒冬腊月还是炎炎夏日，店小二都得步行送餐。

宋朝外卖保鲜有妙招

说起外卖，我们的脑海里就会浮现外卖员骑着摩托车，"嗡嗡嗡"地穿梭在大街小巷，他们的摩托车的后座上还有一个保温箱。你可能会问："古代没有摩托车，没有保温箱，热乎乎、新鲜的美食送到后变凉了怎么办？"

据资料可知，宋朝人会用一种叫"温盘"的食器，专门给食物保温。温盘是用陶瓷做的一种厚底的盘子，其分为上下两层，上薄下厚，中间空心，使用的时候往夹层里灌入热水即可，这样就能起到保温的作用，保持菜品的热度和口味。比现在的一次性餐盒精致多了。

当时，人们还会把装着菜的温盘放到食盒里面。食盒的形状与现在的保温饭盒相似，以竹木制的居多，内分数层，分层装菜，这样能避免食盒中菜的气味混合在一起。别看这只是简单的食盒，但是这比咱们现在的一次性餐盒、外卖包装袋更有档次，也更环保。

食盒有大有小，材质不一，有木、竹、珐琅、漆器等各种材质。那种可提、可挑的大盒子，常用于酒肆和富贵人家。普通人家也会用提盒。提盒也就是古装类影视作品中最常见的食盒。这种食盒用竹子编织，由两根提梁加几层格子组成，我们用一只手就可以拎走。相比高档的食盒，这就显得比较粗糙了。

舌尖上的宋朝外卖

看到这里，你们是不是很想知道宋朝人的外卖菜单上都有什么美食呢？

宋朝是一个讲究吃的朝代，宋朝人在夏天吃的美食有"麻腐鸡皮""细粉素签""水晶皂儿""沙糖冰雪冷元子"。"沙糖冰雪冷元子"就是用黄豆碾成粉，团成丸子，然后搁在糖水里边，再放入碎冰，这属于冷饮。还有"沙糖菉豆甘草冰雪凉水""荔枝膏"等等，都是消暑的食物。其中"沙糖菉豆甘草冰雪凉水"是用甘草、绿豆、砂糖和清水熬成的汤，等放凉之后再加入一些砸碎了的冰块，口感清甜，伴着碎冰，光想想就觉得很消暑。到了冬天，宋朝人又有"盘兔""旋炙猪皮肉""野鸭肉""滴酥水晶鲙""煎夹子"等热气腾腾的菜品可以吃。"旋炙猪皮肉",其中"旋"指的是切成块或切成片;"炙"就是烧烤,把肉放在炭火上,反复翻烤,猪皮肉肥,这一烤肥油就出来了,烤得猪皮是酥脆喷香。上桌前拿刀把它旋开了,蘸点蒜末、盐末等调料,就是下酒的好菜。

我们还可以从宋朝人吴自牧写的《梦粱录》中看到当时外卖的菜品有多丰富。书中写道:"又有专卖家常饭食,如撺肉羹、骨头羹、蹄子清羹、鱼辣羹、鸡羹、耍鱼辣羹、猪大骨清羹、杂合羹、南北羹,兼卖蝴蝶面……及有煎肉、煎肝、冻鱼、冻鲞冻肉、煎鸭子、煎鲚鱼、醋鲞等下饭。更有专卖血脏面、齑肉菜面、笋淘面、素骨头面、

麸笋素羹饭。又有卖菜羹饭店，兼卖煎豆腐、煎鱼、煎鲞、烧菜、煎茄子……"这么一看，宋朝的美食简直可以拿出来做一期节目，名字就叫"舌尖上的宋朝"。

宋朝饭店的类型

你们有想过吗，什么样的饭店才能做出来这么多种外卖菜品呢？其实，宋朝有的饭店是不承接外卖业务的，但有的饭店是专门做外卖业务的。宋朝的饭店，可分为正店、脚店等。

第一种是正店。正店，就相当于现在的大酒楼、大会所。一般不提供外卖服务，专门为有身份、有地位的客人服务。大家设想一下，十几个有钱人在这里聚餐，他们在一个包厢里，吃一吃山珍海味，酒楼得多挣钱呀。这种酒楼要是送外卖的话，假如你只点一个韭菜合子，那酒楼送外卖的成本也太高啦，所以正店不提供外卖服务。

第二种是脚店。《清明上河图》中街边的饭店就有这种。脚店可不是修脚的地方。商家在店外挂上"脚店"的招牌，就是告诉顾客，这家店是提供外卖服务的，可以通过脚力送外卖，相当于中等的饭店，接待中等消费的客人。"卖贵细下酒，迎接中贵饮食"，说的就是这种地方。不过商家通常会设置起送价，如果你点的菜品价格低了，商家是不会给你送餐。假如你只想点两个烧饼的话，那只能再去别家看看啦。

与民同乐的宋朝皇帝

北宋外卖服务的繁荣还得益于一个特殊的群体——那些吃货皇帝。他们吃惯了山珍海味，偶尔会体验一下寻常百姓吃的美味。所以，宋朝的皇帝会点外卖——这是宋朝历史上一个很有趣的现象。

根据史书记载，宋太祖赵匡胤比较嘴馋，他经常会微服私访，到民间闲逛、点小吃。他第一次过圣诞（皇上的生日）的时候，岳珂在他的史料笔记《桯史·紫宸廊食》中写道："一日长春节，欲尽宴廷绅，有司以不素具奏，不许，令市脯，随其有以进。"这里说的就是宋太祖赵匡胤过生日时的事情。赵匡胤决定要过生日，这样文武大臣都要前来祝寿。这时有人上奏说："皇上，您要过生日，好歹提前吩咐我们一声呀，现在文武大臣都快来了，现做菜品需要的时间太长了，我们来不及准备呀。"赵匡胤说："不用你们现做，直接点外卖，能买到什么就吃什么。"于是，

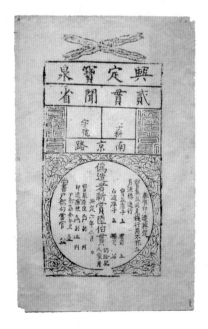

*交子是中国最早的纸币
宋朝纸币摄影图

* 码头附近人来人往，热闹非凡
［清］《清明上河图》清院本局部，台北故宫博物院藏

尚食局的杂役负责摆桌椅，内库中管酒的太监负责搬酒水，还派出许多人到宫外的酒店和饭馆采购菜肴与主食。宫里布置好了，文武大臣也进宫了，宋太祖吩咐开宴，他们过了一个非常热闹的圣诞。总而言之，赵匡胤的这次生日宴会不太讲究，但这一场不讲究的宴会，却成了后来皇帝们过圣诞大多会遵循的祖宗家法。宋太祖的用意就是给天下臣民做表率，号召大家勤俭节约。

宋朝皇帝不仅过寿宴时会点外卖，元宵节赏灯的时候也会点外卖。《东京梦华录》第六卷中有记载，北宋后期，每年元宵节，在皇宫东大门晨晖门外，都会专门给皇上设一个"看位"，主要是看灯用的，里面放着皇帝的御座，便于皇帝就近观赏灯展。华灯初上，灯展开始了，开封城中卖小吃的摊贩也都乌泱乌泱地来了。有卖鹌鹑馉饳儿的、卖鸡段的、卖银杏的、卖荔枝的，各种各样，团团围在皇宫门口等待皇上的传唤。这些小摊贩在皇宫"看位"前，摆得是里三层外三层，等着皇上。皇帝就是皇帝，给赏钱也很大方，"直一贯者，犒之二贯"，意思就是说价值一贯的东西，光赏钱就会给两贯。这么丰厚的小费，也吸引了更多摊贩前来摆摊。

你们可能会问：宋朝皇帝看灯时，为什么一定要买外面的小吃呢？

首先，两宋的皇宫都不大，宫墙紧挨着市井人家，皇帝家跟老百姓家挨着，所以皇帝在宫里老能听到外边的吆喝声，时间长了，免不了就有要尝一尝民间食物的冲动。其次，每逢大型节庆日，皇帝就会从深宫出来，买一些外面的小吃，做到真正与民同乐，展现皇帝亲民的形象。最后，按照宋朝宫廷的规定，御厨每天只给皇帝做两顿正餐，菜品千篇一律，没有什么创新。皇帝吃腻御膳了，就会到市面上买一些现成的小吃。

试想一下，皇帝都带头不在宫里吃饭，点外卖，那老百姓怎么会不效仿皇帝呢？所以，宋朝的外卖、餐饮服务怎么能不发达呢？

假如有机会穿越，我是很想去宋朝感受一下《清明上河图》中展现的繁华的，体会一下古代人的精致生活，最重要的是体验一下宋朝的外卖服务。

✿ 听说古代人超能喝，
他们酒量到底怎么样？

说到酒，各种古诗词、影视作品，似乎都传递出一个信息：上至帝王将相，下至平民百姓，古代人好像都特别能喝酒，而且酒量特别好。不少闻名于世的古代人，都有"酒鬼""酒豪""酒仙"等称号。像不为五斗米折腰的陶渊明，他的一日三餐可以没有菜，但必须要有酒。他喝起酒来就会喝个酩酊大醉，只要有钱就去买酒喝。

一天，当地郡守前来拜访陶渊明，不巧，正好赶上陶渊明酿的酒熟。陶渊明心想："管你是什么大官，此刻我只想痛饮一杯。"于是，他随手扯下头上戴的葛巾来漉酒，漉完后又戴回到头上，然后才出去接待来客。可见他真乃大酒鬼也！

再如"竹林七贤"之一的刘伶，嗜酒不羁，被称为"醉侯"！一次他抱着酒坛子在家里喝得醉醺醺的，光着身子躺在卧榻上。朋友前来拜访，看到他不修边幅的样子，便笑话他，不料他却灵机一动，借酒劲狂言道："我这是以天地为屋，房屋为衣裤。你们跑到我裤子里来，该是我看你们笑话。"

喝酒最为著名的当数唐朝李白，诗写得浪漫，被誉为"诗仙"，

*卮是古代盛酒的器皿，一般由盖与卮体扣合组成，直壁、深腹，呈圆筒状

铜漆卮摄影图，动脉影摄

也被人戏称为"酒鬼诗仙"。很多脍炙人口的诗句都是他喝得酩酊大醉时写的，比如"烹羊宰牛且为乐，会须一饮三百杯""将进酒，杯莫停"等。大概最能反映出李白酒量之大的线索，便是杜甫曾写下的诗文——"李白斗酒诗百篇，长安市上酒家眠，天子呼来不上船，自称臣是酒中仙"。

在唐代，大斗大概相当于 6 升。唐代人喝的酒的度数我们无从得知，看看现在白酒的通行度数，28%vol、33%vol、38%vol、39%vol、40%vol、43%vol、45%vol、48%vol、50%vol、52%vol、53%vol、56%vol、58%vol，60%vol、67%vol、68%vol，山东那边农村直接用土窖蒸馏出来的酒，其度数甚至超过 70%vol。

但其实古代人也是人，我们现代人比古代人摄入了那么多香精、色素等化学添加剂，活得都比他们长，肝肾功能不比他们差，怎么可能拼酒拼不过他们！

究其原因，并不是他们比我们能喝，而是因为他们喝的压根就不是蒸馏酒！

古代人酿酒史

传说大禹的大臣仪狄开始造酒，大禹饮用后，觉得十分好喝，但又忧虑地说："此等美酒，后世君王恐怕会因此而导致国亡！"

据考证，距今四千年前的夏朝，已经有了"秫酒"，"秫"应指高粱，秫酒就是用高粱酿成的酒，那时已经有专用酒曲来酿酒，酒也有了甘、浊两种形态。

大禹果真一语中的。他的不肖子孙夏桀沉溺于美酒，开挖巨大的酒池，倒入美酒，然后在上面泛舟取乐。夏桀还让臣子趴在酒池边上喝酒，醉酒后就坠入酒池淹死，引得他哈哈大笑。最终，夏桀因贪杯导致国家迅速腐败，民不聊生，被商汤取而代之，他也是我国历史上第一个因酒灭国的君主。不过可以确定的是，由于当时没有蒸馏提纯技术，酒的度数应该是很低的，但再低也是有度数的，喝多了也得醉！

商朝建立后，能酿酒的作物更多了。现代考古，常会发掘出大量青铜酒器，证实商朝人好酒之风很盛。殷商时期，人工酒曲酿酒技术已经成熟，这也说明当时酿酒业繁荣。那时的酒是什么

* 古代人用于盛酒或温酒的器物
[商] 兽面纹斝，上海博物馆藏

* 古代人用来盛酒的器物
[西周] 作宝尊彝卣（附斗），湖北省博物馆藏

味道的呢？大概是甜丝丝酸溜溜的，可能有点像果醋饮料。只是很可惜，没有人会酿这种酒了，我们再也品尝不到商朝美酒的滋味了。

秦汉时期，靠粮食酿造的酒，度数大概是 1%vol 到 3%vol。唐朝时酒的口感提升不少，更加香醇可口，有点像现在的醪糟米酒，度数较低，喝得足够多的话还是会感到晕乎乎的！这时的酒还不够纯，还有些渣滓。喜欢喝酒的白居易就在诗中写道："绿蚁新醅酒，红泥小火炉。晚来天欲雪，能饮一杯无？"这时的酿酒技术毕竟还不成熟，酒中往往带有细微的绿渣，刚倒出的时候也会有许多泡沫，绿渣浮于泡沫之上，其状如蚁，这就是"绿蚁"的由来。

那有渣怎么办呢？舀出一碗，澄清一下，过滤后再喝，这就是陶渊明拿头巾喝酒的原因！也就是说，古代的酒度数不高，口感甜爽，使得古代人喝很多也不会上头，于是他们千杯不醉的假象便出现了。这才有"三碗不过冈""一饮一斛，五斗解酲"这样耳熟能详的段子，仿佛在说明古代人喝酒那都是海量。

我们现在喝到的白酒都是蒸馏过的，而蒸馏酒有说法是元朝时传入中国的。要是让李白、陶渊明、刘伶等古代酒鬼来现代，我估计他们喝一斤白酒也就趴下了。

古代皇帝们每天都吃什么呢？

在古代，帝王作为九五之尊，生活极尽奢华，在饮食方面容不得丝毫怠慢，这也是整个后宫的头等大事。关于帝王平常都吃些什么，是最令世人好奇的。毕竟，对每个人来说，满足口腹之欲算是人生一大乐事。不仅如此，御膳还能彰显皇家气度。宫廷御膳代表着中国古代烹饪艺术的高峰，所以，选择品尝出现在御膳中的菜品在如今已然成为一种饮食文化。

周天子的饮食

早在周代，御膳的规格就已经形成了初步的规模。周天子和各方诸侯非常会享受，他们无事不宴，无日不宴，享用各种山珍海味。

《周礼》中有记载："凡王之馈，食用六谷，膳用六牲，饮用六清，羞用百有二十品，珍用八物，酱用百有二十瓮。"意思就是周天子在吃饭时要吃到"六谷"：稌（稻）、黍、稷、粱、麦、苽（菰米）；喝到"六清"：水、浆、醴、凉、医、酏；吃到"六牲"：马、牛、羊、豕（猪）、犬、鸡。此外，周天子的饮食中还要有一百二十款佳肴和一百二十瓮酱品。

周礼强调养生，便有了"用水火金木，饮食必时"这样的观念。"饮食必时"是指御膳中涉及的食材要应合四时之变。比如说，春天宜杀小羊和小猪，夏天用干雉和干鱼，秋天用小牛和幼鹿，冬天用鲜鱼和鸟类。由于当时蔬菜的品种不多，所以周朝御膳中用到的食材还是以肉类为主！

周朝时期，还有一些很有特色的菜肴。其中，最有讲究的就是"周代八珍"。据《礼记》记载，"八珍"为淳熬（肉酱油浇饭）、淳母（肉酱油浇黄米饭）、炮豚（烤、炸、炖乳猪）、炮牂（烤、炸、炖羔羊）、捣珍（煮牛、羊、鹿的里脊肉）、渍（酒渍牛肉）、熬（类似五香牛肉干）和肝膋（用狗网油烤狗肝）八种食品（一说"八种烹调方法"）。但是，宋朝的陆佃曾将牛、羊、豕、狗、狼等定为"八珍"。

汉代的"八珍之味"

到了秦汉时期，御厨们绞尽脑汁地让帝王吃饱、吃好、吃出花样。

对比汉朝之前的帝王的饮食，你会发现这时面食明显增多了，出现了汤饼，也就是面条。当时，人们都称面食为饼。面条因为是在汤里煮的，所以被称为汤饼。此外，还有蒸饼（类似现在的馒头）、胡饼（类似现在的烧饼）。值得一提的是，豆制品也深受汉朝皇帝的喜爱。

魏晋时期的御膳

魏晋南北朝是我国古代比较动乱的时期之一，大分裂、大变动带来了各民族的大融合。在饮食方面，很多汉族之外的饮食习惯融入御膳当中！据考证，新疆大烤肉，闽粤一带的烤鹅、鱼生（生鱼片）等都出现在了当时皇帝的餐桌上。别看那时老百姓颠沛流离、食不果腹，但皇帝照样享受美食。

* 图中描绘的是新春阖家团圆的场面。家族团聚欢庆，正厅中摆设酒食，人们围坐饮宴。后院偏房里有人忙碌着备餐，走廊上有仆女捧送美酒佳肴

［清］姚文瀚《岁朝欢庆图》局部，台北故宫博物院藏

唐代御膳百花齐放

唐朝国力强盛，食材种类繁多，又有周边藩属国大量进贡，因此，大唐的皇帝可谓享尽了口福，吃遍了各种美味珍肴。比如"百花糕""清风饭""御黄王母饭""灵消炙""红虬脯""遍地锦装鳖""驼峰炙""驼蹄羹"等我们听起来都是极尽奢华且难以品尝到的菜品，唐朝皇帝们都能大快朵颐。

唐敬宗李湛在位时，御膳中出了一道供暑时食用的清风饭。其做法是先将水晶饭、龙睛粉、龙脑末、牛酪浆调和在一起，然后放入金提缸，垂到冰池中进行冰镇，等到它完全冷却后，再取出来呈给皇帝食用。实际上，这只不过是一道凉粥而已。它之所以美味，是因为用料精奇。

在著名的"烧尾宴"中，我们也能感受到唐朝御膳的奢侈程度。据相关历史资料记载，"烧尾宴"包含了三十四味菜肴与二十多道面点。涉及的食材有熊、鹿、驴、虾、蟹、青蛙、鳖，除此之外，还有上乘的鱼、鸡、鸭、鹌鹑、猪、牛、羊、兔等。"烧尾宴"可以说是天下美食的极致了。

当然，御膳中肯定少不了酒。唐代酒类品种繁多，而且爱用"春"字为酒命名。唐代有名的酒有富水春、若下春、石冻春、土窟春、松醪春、竹叶春、梨花春、瓮头春、抛青春等。

宋朝御膳

北宋初叶至中叶这段时间，皇帝在饮食方面都还算节俭。到了南宋时期，宫廷中便刮起了奢靡之风。宋高宗赵构对御膳的要求就很高。他做太上皇的时候，有一次过大寿，他的儿子宋孝宗为他摆了祝寿御膳。按说，儿子有孝心，他身为父亲应该很高兴，可赵构非常生气，把儿子一顿臭骂，因为他觉得御膳不够丰盛！

明朝御膳

明朝的皇帝朱元璋是农民出身，史书上说他注重节俭。不过，大家可以看看当时一顿"简单"的御膳都有什么：胡椒醋鲜虾、烧鹅、燩羊头蹄、鹅肉巴子、咸豉芥末羊肚盘、蒜醋白血汤、

五味蒸鸡、元汁羊骨头、糊辣醋腰子、蒸鲜鱼、五味蒸面筋、羊肉水晶角儿、丝鹅粉汤、三鲜汤、绿豆棋子面、椒末羊肉、香米饭、蒜酪、豆汤、泡茶。这只是他平时的一餐，如若遇到特殊节日，御膳的奢侈程度可想而知。连吃过苦的朱元璋都如此，那其他皇帝吃的东西能差吗？

清朝的"满汉全席"

清朝继承了前朝的饮食传统，御膳机构也日渐完善，因此这时的御膳称得上极尽奢华。拿最经典的"满汉全席"来说，大约需要三天才能完成一次这样大型宴席的品尝。清朝皇帝御膳的最

* 韩熙载在家中设夜宴，与众人载歌行乐
[宋]《韩熙载夜宴图》摹本局部，故宫博物院藏

高记录是一餐有三百多道菜肴，可见御膳对帝王来讲，早已经超出了"吃饱饭"的范畴，而是用来彰显皇家气度的。以乾隆为例，清朝的档案上有明确的记载，乾隆十二年（1747年）十月初一，乾隆皇帝的晚膳单："燕窝鸡丝香蕈丝火熏丝白菜丝饷平安果一品，红潮水碗。续八仙一品，燕窝鸭子火熏片脂子白菜鸡翅肚子香蕈，合此二品，张安官做……"这便是当时御膳中典型的"家常便饭"。

后来，宫廷用膳越来越铺张浪费。据说，"老佛爷"慈禧太后的每顿御膳都得有一百种菜肴，按每个太监端六只碗碟计算，约需二十名太监一起上菜，可谓声势浩大，排场之极。

大家可不要以为古代皇帝吃得这么奢侈，就真的健康了。这些皇帝、太后吃得这么好，却未必都长寿。可见，还是咱们老百姓的粗茶淡饭更养生！

鸡肉在唐朝为何不算"肉"?

　　唐朝时期，民间认可的肉是家畜，也就是哺乳动物的肉，鸡、鸭、鹅等禽类动物的肉在唐朝并不能算作肉。这是为什么呢？

　　俗话说，民以食为天。在吃这方面，我们还真别小瞧古代人。中国的饮食文化源远流长。隋唐五代时期，由于民族交融，饮食"胡化"，出现了一大批令人"食指大动"的美食。比如，冷胡突、热洛河、生鱼片、獐皮索饼、驼峰炙、糖蟹、鲤尾、烤全羊等。听听这些菜名，咱们估计是没有这种口福了。你们注意到没有，上面说的美食中没有我们常吃的猪肉。这是因为唐朝人很少吃猪肉。

　　"二师兄"这么好吃，唐朝人为什么不吃呢？我在前面讲了胡风盛行，据说李唐皇族的血脉中就有胡人的基因，因此他们对吃猪肉不屑一顾。民间受官方影响，大家也就不怎么吃猪肉了。其实，我们现在的吃猪肉之风是从宋朝开始的。在苏轼等人的大力推广下，猪肉才逐步回到人们的餐桌上。如美食家苏轼，他曾写下《猪肉颂》，告诉人们"黄州好猪肉，价贱如泥土。贵者不肯吃，贫者不解煮。早晨起来打两碗，饱得自家君莫管"。苏轼那时的经济条件有限，只吃得起猪肉，怪不得他能发明出来"东坡肉""东坡肘子"呢！

在农业社会中，牛是重要的生产力。在古代，官府是严禁百姓乱吃牛肉的。平常人家要是吃牛肉的话，甚至会被判刑。牛肉不能吃，又不爱吃猪肉，那老百姓在日常生活中假如发了小财，想改善一下伙食的话，他们能吃的就只有羊肉了。但是羊肉的膻味大，而能去掉膻味的胡椒价格却十分昂贵。毕竟物以稀为贵，胡椒在古代曾被视为"黑色黄金"，甚至还可以作为货币直接使用。唐代宗的宰相元载曾独揽朝政十多年，贪了不少钱。后来，元载被唐代宗赐死，他家里竟然被搜出了八百石胡椒。得知此事时，唐代宗惊得目瞪口呆。毕竟，这差不多抵得上当时国库一大半的银子了。

羊肉虽然好吃，老百姓也能吃得上，但不代表他们就能经常吃，毕竟唐朝时期羊肉的价格还是很贵的。普通老百姓的餐桌上最常见的便是鸡、鸭、鹅等禽肉。但奇怪的是，当时的人吃这些肉并不算"开荤"。这是怎么回事呢？

其实，因为生产力低下，唐朝时民间认为只有家畜（狭义）的肉才算是肉，而鸡、鸭、鹅等家禽的肉则不被视为肉。造成这个观念的关键人物就是唐太宗李世民，是他将鸡肉等禽肉从唐朝的荤菜谱上剔除的。

当年，李世民为了防止御史巡察的时候大吃大喝，要求御史出巡不能吃肉。结果有一个名叫马周的御史，他非常爱吃鸡，所以每到一个地方，他便会要求下面的人杀鸡给他吃。有人借此告了马周一状。李世民却说："没事，朕只禁止御史吃肉，禁止浪费，但是并没有禁止吃鸡，吃鸡有什么关系？马周没有犯错。"其实，李世民这么说就是为了保护马周，他不想因为鸡肉而失去难得的人才。不过皇帝金口玉言，唐太宗表态后，吃鸡肉在唐朝就不算"吃荤"了。这也导致鸭、鹅等禽肉与鸡肉地位相同了。孟浩然有诗云："故人具鸡黍，邀我至田家。"原来，他的老朋友准备了丰盛的饭菜邀请他到家里做客，竟然连正经的荤食也没有准备呀。

❋
画面描绘的是文人学士在一起饮酒赋诗的场景
[宋]赵佶《文会图》，台北故宫博物院藏

❀ 我们吃炒菜，不过
　　才"百年"历史

　　所谓识"食物"者为俊杰，不开玩笑地说，若是奥运会将"吃"当作一项竞技运动，我们肯定能狂拿金牌。为了不断超越美味，创造美食，刺激味蕾，孜孜以求的一代又一代厨师将各式菜肴一次次地推向色、香、味的巅峰——红烧鳜鱼、鱼香肉丝、水煮肉片、宫保鸡丁、麻婆豆腐、西湖醋鱼、龙井虾仁、油焖春笋、虾爆鳝背、冰糖甲鱼等等，说起来都令人"食指大动"。

　　但是你发现了吗？这些头牌菜，大多用到的是爆炒、滑炒、煸炒、生炒、清炒等炒菜技法，哪怕是需要炖煮的，也得在锅中加油，先加工一下。难怪外国人吃了我们的菜，直跷大拇指说："中国炒菜delicious（美味的）！"他们将中国菜等于中国炒菜。

　　自古以来，我们中国的烹饪技艺便绚烂多彩。其实，外国人不知道的是，我们炒菜的历史并不算太长，普及开来不过才几百年的时间。这个原因很简单，因为炒菜需要工具——顶部开口大、圆底的炒锅。炒锅是什么材质的呢？不管是生铁锅还是精铁锅，都是铁做的锅。所以人们吃上炒制菜肴的时间是在铁锅发明之后。热爱美食历史的小伙伴应该都知道，我国古代人在很长时间里，

* 古代人用来盛放肉酱、腌菜等食物的器物
[战国]曾侯乙铜盖豆，湖北省博物馆藏

* 古代人用来蒸煮饭食的器物
[西周]应监青铜甗，江西省博物馆藏

用的厨具都是青铜锅、陶锅。

　　我国古代的冶炼技术虽说曾领先世界上千年，但是并没有如今这样先进的机械设备。矿石的开采量上不去，冶铁的总量也就很有限。北宋之前那漫长的烹饪史里，古代人先是用泥土烧制的鼎、甑、鬲、釜来炖煮或蒸熟食物。后来，他们有了青铜器：铜鼎、

铜甗、铜鬲、铜釜等。金属的导热性更好一些，但因为器皿壁较厚，没办法提供炒菜所需的高温。所以，当时制作美食的方法还是以炖和煮为主，口味比较单一。不过现在看来，这样的烹饪方法能保留食材的原汁原味，在饮食上算是非常健康的。

所以，在很长时间里，古代的烹饪方式是以蒸煮和烧烤为主。有历史学家说，古代人是"撸串高手"。此言非虚，古代人的烧烤技术是很高超的，而且人们吃烧烤的传统一直流传至今。在唐朝，人们称烧烤为"炙烤"，"炙"也就是烧烤的意思，烧烤技术在唐朝发展到巅峰。唐朝人喜爱撸串，无串不香。

唐朝著名的宴会"烧尾宴"中，出现了烤制的鸡、鸭、鹅、鹌鹑等，鱼虾、羊舌、鹿尾等也成了烧烤食材。日本遣唐使将烧烤的技术带回了日本，日本现在的烧烤店中仍有按照唐朝时的方式对食材进行烧烤的。

你知道历史上著名的"鸿门宴"中，项羽给刘邦准备了哪些美味佳肴吗？分别是脚（牛肉羹）、臐（羊肉羹）、膮（猪肉羹）、醢（用肉、鱼等制成的酱）、炙，这几样菜品都是高端菜肴，其中最出彩的便是炙。当时，项庄舞剑，军门外身穿甲胄的樊哙持盾撞倒拿着戟的士兵，冲进帐内。项羽被吓了一跳，他握着剑，坐直身子问道："此人是谁？"得知是樊哙后，项羽赞赏道："真是位壮士。"接着，项羽还赐了樊哙酒和一条猪腿！樊哙将酒一饮而尽，然后在盾牌上拔剑切肉。据考证，这条猪腿的烹饪方式就是炙烤。

除了烧烤之外，还有生吃。《三国演义》中就描写过广陵太守陈登爱吃生鱼片，结果把寄生虫吃到肚子里了，幸好那时有神医华佗。唐朝人也很爱生吃鱼，还发明了个词"脍"，就是蘸着作料吃生鱼片。日本人至今仍吃生鱼片，也是受了唐文化的影响。

所以你看，以我们现在的口味，顿顿都吃煮的、蒸的、生的、烤的菜品，着实是顶不住。那么让我们顿顿都离不开的炒菜到底是何时才有的呢？

其实，炒菜是从宋朝开始有的。宋朝大量使用煤冶铁，冶炼技术得到发展。北宋中期，冶铁的年产量有八百多万斤（约四千吨），当然，对比现代的冶炼产量，八百多万斤好像并不多，但

* 古代人用来放置煮熟的饭食的器物
[战国] 曾侯乙铜簋，湖北省博物馆藏

对古代人来说，当时的冶铁产量有了爆炸性的增长。毕竟，以前冶炼出的铁做武器都不够用，哪会有余量做炒菜锅呢？

宋朝时期，冶炼出的铁除了供打造武器装备、佛像、生产工具等所需外，还能剩下不少，也就可以拿来打造厨具了。老百姓大都用起了铁锅。铁锅加热快、耐高温、使用寿命长，锅的表面用久了会生成一层食油层，具有类似不粘锅的效果，而且还方便清洁，很快就获得了人们的喜爱。

所谓高手在民间，为了吃好、吃出花样，古代人开始认真钻研炒菜。《东京梦华录》中就详细描述了北宋的很多炒制美食，久不见于史书的做菜方法——"炒"终于渐渐成了主流烹饪方式。到了明朝，人们都吃上了美味可口且制作快捷的炒菜。到了清朝，人们将炒菜加以改良，菜系"大爆发"，于是便有了我们熟知的八大菜系和几千种炒制美食。不得不说，铁锅极大地促进了我国美食的发展。

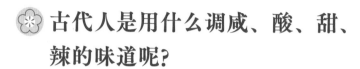# 古代人是用什么调咸、酸、甜、辣的味道呢？

盐

中国各大菜系中的传统调料之首是盐。食盐在我们的日常生活中发挥着不可替代的作用。食盐的历史最早可以追溯到春秋早期。

春秋战国时期，各国官府为增加财政收入，实行了食盐官营制度，开启了中国历史上官盐生产的先河。当时，齐国由于其独特的地理位置，在食盐开采上有得天独厚的优势。所以，齐国率先将食盐的开采和经营权纳入国家管控范围。齐国也凭借食盐带来的巨大收益一度成为中原霸主。

盐在古代是非常贵的。那时候，普通百姓贩卖私盐是不被允许的，情况严重时甚至会被判为死罪。

酸味调料

我们很多人都爱吃醋，那醋在古代的调料里有怎样的历史呢？

据记载，我国古代人是以酒作为发酵剂来酿制食醋的。东方醋起源于中国，酿醋的历史至少也有三千年。中国古时称醋为"醯""苦酒"等，说明"醋"是起源于"酒"的。聪明的古代人在无数次实践中，不断改进酿醋的技术，并且利用这个技术，用大豆和面粉制造豆酱，进而生产出酱油的雏形——"酱清"。也就是说，如今常用的酱油是从豆酱演变和发展而来的。中国历史上最早使用"酱油"一词的是宋朝的林洪，他在《山家清供》中有"韭菜嫩者，用姜丝、酱油、滴醋拌食"的记述。看来，林洪很喜欢吃凉拌菜。也就是说，别看酱油是咸味的，但它的源头竟然是醋而不是盐。

除了酸酸的醋，古代还有其他能提供酸味的食材吗？

人们在考古时发现，在一座商墓中出土的一只铜鼎里有当年用于调味的梅子核。在这座商墓中，还有大量狗、羊、猪、鸡等动物的骨头，以及鱼、鸟等动物形状的器物。这一方面说明当时人们能吃的食材已经很丰富了，另一方面也说明对这些带有腥味、膻气的肉类，古代人早就掌握了烹饪时能除掉异味的食材，其中就有梅子。

《尚书·说命篇》中记载："若作和羹，尔惟盐梅。"意思就是做汤羹一定少不了用盐和梅子这两种食材。梅子别称"青梅"，是梅树结的果，南方比较常见。梅子吃起来口感酸脆，用它调味，既能去除菜肴中肉的异味，还能"酸味十足"。据考证，先秦时期，人们就特别喜欢用梅子调味。"酸味"应该是当时很流行的味道。

糖

甘，即甜味。它和酸搭配，能做很多好吃的，像糖醋排骨、糖醋鱼、糖醋丸子，味道酸甜可口。那古代人是用什么调味品让菜肴有甜味呢？

其实，古代人主要用"饴"——一种历史悠久的淀粉糖。后来，他们还会用蜂蜜以及用甘蔗熬制的糖浆等来加工食材。到了宋朝，出现了白糖，而且质量上乘，人们便用白糖调味。现在江浙、四川的一些厨师在做菜时，好像都喜欢放一勺糖，这也是历史传统。早在三国时期，曹丕就在《与朝臣诏》提出了"蜀人作食，喜着饴蜜"的说法。原来，吃糖食这么美好的事，在古代早就有啦。

辣味调料

在八大菜系中，最红火的就是川菜，辣得人们很"巴适"。说到辣，很多人可能会想当然地认为我们中国人从古至今都很能吃辣。但事实上不是这样的，辣椒传入中国的时间并不长。

辣椒是个"外来户"，它本是产于南美洲的一种茄科植物。考古学家估算，几千年前，玛雅人就已经食用辣椒了。随着大航海时代开启，辣椒被哥伦布带回西班牙。辣椒在明朝时期传入我国。当时，辣椒还不是用来调味的，而是用于观赏的。明朝戏曲家高濂的《遵生八笺》中有记载："番椒丛生白花……甚可观。"

古代人觉得辣椒长得很特别，所以，辣椒跟现在的多肉植物一样，被当作观赏性植物。后来，辣椒才逐渐被古代的吃货们开发成调料。

那你可能会问，没有辣椒的时候，古代人应该就吃不到辣味了吧？怎么可能！虽然没辣椒，但我们有别的东西能替代辣椒。其实，辣就是辛的味道，这种味道对人的口、鼻刺激最直接，可以极大地诱发食欲。

古代人为了获得味蕾上的刺激，早就从椒、桂、姜、葱、蒜、蓼、芥等植物中发现了本土的辣味调料。其中，花椒和生姜最有特色。值得一提的是大蒜以及烤羊肉用的孜然，在中原地区原本是没有的，多亏西汉的张骞从西域带回了蒜、芫荽（香菜）等"胡味"，才让古代人早早地品尝到了外来风味。

带有辣味的"胡椒"在古代是非常高档的食材。胡椒经丝绸之路传入我国，在一开始产量极低。据统计，北宋时期，全国只有广州能种植胡椒，年产量不到一百斤，这就导致胡椒的价格非常贵，甚至比黄金还值钱。前文中曾提到，《新唐书》中记载，贪官元载被抄家时，搜出了很多金银珠宝、名人字画，但这些都没有让唐代宗生气，直到从他家里搜出了八百石胡椒时，唐代宗才勃然大怒。毕竟，胡椒昂贵，元载贪污了这么一笔惊天的财富，你说皇帝他能不生气嘛！

所以，如果你想穿越回唐宋，金子、银子太重了，也不好拿，你不如就带点胡椒过去吧，包你变身大富豪。

古代人的夜生活也很精彩

　　古代人的夜生活并不像我们想象中那样索然无味。古代人的创造力一直都很旺盛，所以他们夜生活的安排非常有意思。

　　夜晚限制人们活动的原因是缺少光亮。虽然，古代没有如今这样的各种灯光秀，但还是可以用烛光、灯笼、火把来照明的。因此，只要有需要，古代的夜晚也是可以亮起来的。

　　古代人的夜生活安排大致可以分为三类。第一类是帝王与官宦，他们不愁吃穿，夜生活安排得自然丰富一些。第二类是在城市中居住的百姓，他们是城市经济发展的受益者，夜生活也是比较充实的。第三类是远离城市的百姓，他们的夜生活相对乏味一些。正如现在的社会，不同年龄段、不同阶层的人需求、爱好不同，大家在夜间的活动安排也就千差万别。

第一种活动是读书学习

　　读书是古代学子的普遍追求。他们都希望自己能够金榜题名，光宗耀祖，所以就有了"十年寒窗无人问"的"苦学"态度。在古代，除了为考功名而读书的年轻学子，还有非常多只是喜爱读书的年长书生。他们挑灯夜读，到了痴迷的程度。

古代人推崇读书主要是受"重农抑商"思想的影响。在古代，商人地位低下，在天下人眼中，"万般皆下品，惟有读书高"。

古代人夜晚照明的工具是蜡烛，即便是光线昏暗，古代的莘莘学子也会挑灯苦读。因为心境不同，有的读书人也会选择在微弱的灯光下干点别的事。比如，辛弃疾就会"醉里挑灯看剑"。关于古代人夜晚读书的故事，最出名的莫过于"凿壁偷光"了，我们能从中看到古代人夜间苦读的心志。

* 古代贵族文人的书斋生活

［清］《永忠行乐图》局部，中国国家博物馆藏

相逢幸遇佳時節

月下花前且把盃

*古代人与多年未见的好友在
月下举杯对饮

[宋]马远《月下把杯图》，
天津博物馆藏

第二种活动是会友玩乐

古代人的生活情趣并不亚于现代人，他们经常约上三五好友一起相聚。他们聚会时，基本都爱谈天说地。在古代，好友在久别重逢时彻夜长谈的例子不胜枚举。他们还会将这种情境写在诗文中，比如"今宵剩把银釭照，犹恐相逢是梦中""今夕复何夕，共此灯烛光"等。

在古代，好友相见时，喝酒是必需的环节。古代人对酒的热爱是众所周知的。文人在流觞曲水时要喝酒，侠士在惩恶扬善时也要喝酒。人们在送别好友时要喝酒，在为好友接风洗尘时还要喝酒。只喝酒还不够，要是兴致来了，有些人还要作诗。他们一边饮酒一边作诗，留下了很多流传千古的佳作。李白就是这些人中的佼佼者，"君不见黄河之水天上来，奔流到海不复回""烹羊宰牛且为乐，会须一饮三百杯"，都是他留下的佳句。

除了文人，会在夜间坐在一起喝酒的还有那些身处朝堂、忧国忧民的君臣。比如说，"宋太祖雪夜访赵普"。宋太祖赵匡胤当皇帝后，亲近贤士，经常找赵普商谈国家大事。有一天晚上风雪很大，赵匡胤仍坚持到赵普家里拜访，两个人在大雪天围炉喝酒，畅谈国事，也就有了赵匡胤最终一访安天下的佳话。

第三种活动是户外活动

　　唐朝之后，城市的规模已经很大了，娱乐设施也非常多，这就进一步丰富了人们夜生活的内容。古代人在晚上一般会聚集在繁华的城市街道上，或者在车水马龙的码头渡口处。这些地方客流量较大，有很多的传奇故事上演，比如伯牙与钟子期"知音之交"的故事，才子佳人琴瑟和鸣的故事，等等。

　　古代人对音乐的喜爱由来已久。夜幕降临后，不管是文人雅士，还是贩夫走卒，都会在优美的音乐旋律中停下脚步。白居易

*　宋杂剧是宋代的一种戏剧形式，由唐代歌舞杂戏发展而来。北宋时期，在汴梁的瓦子勾栏中已有较大型的剧目表演

［宋］《杂剧打花鼓图》，故宫博物院藏

在"浔阳江头夜送客"时，碰巧就听到传来"大珠小珠落玉盘"的优美琵琶声，他与弹奏者一番深入交流后，名篇《琵琶行》便诞生并流传于世了。

更为集中的夜间听曲的地方是灯红酒绿的场所。历朝历代都有青楼行业。在古代，去逛青楼的人要么是达官贵人，要么是文人雅士。他们在这里听着动听的小曲，看着曼妙动人的舞蹈。不少才子都曾在这里斗诗、留词。唐朝时期，文武官员和青楼女子往来唱和是当时的一种社会风尚。

此外，古代人还喜欢赶庙会。在有庙会的时候，夜晚已经不再是夜晚。古代人说"花市灯如昼"一点也不夸张，我们在"一夜鱼龙舞"中足见夜间的繁华景象。在这样的夜晚，人们不仅可以尽情玩乐，还有可能遇到自己的心上人哟。

第四种活动是室内活动

有人喜欢户外热闹，有人喜欢室内安静。在古代，夜间的室内活动也是多种多样的。

封建社会对女子的要求是"无才便是德"，古代女子一般都要掌握女红手艺，这种手艺甚至成了她们生活的必备技能。古代女子没有太多的自由，在大多数寂静的夜晚，她们都在借助微弱的灯光缝缝补补。

由于古代人的生活水平普遍不高，缝补衣物便是常有的事情。日复一日辛勤劳作的女子可能会在心中用"破家值万贯"来安慰自己，也有可能用"新三年，旧三年，缝缝补补又三年"来自我解嘲。

　　能够坐在家中安静缝补的女人，一般都是上了年纪的。那年轻的女人在干什么呢？她们中有"汉宫侍女暗垂泪"的，有"枕上潜垂泪，花间暗断肠"的，还有远离故土想念家乡的，也有思念远方丈夫的……值得一提的是，不是只有会想念远方丈夫的女子，也有思念故乡妻子的好男人。比如，元稹就因为思念亡妻，写下了"曾经沧海难为水，除却巫山不是云"这样的旷世名句。

　　但不管夜生活有多么精彩，古代人在晚上都睡得比较早。"日出而作，日落而息"是古代人基本的生活作息规律。他们在晚上不会玩得太晚，不会影响第二天的正常生活。

*《弈棋仕女图》是唐代的绢本设色画，画中的唐代贵妇正在聚精会神地与友人对弈

《弈棋仕女图》摄影图，动脉影摄

* 古代人在竹院雅景
中玩古鉴珍、烹泉
品茗、对弈手谈等
景象
[明]仇英《竹院
品古图》，故宫博
物院藏

❀ 在唐朝，一两银子到底能买啥？

　　现在很多人对古代的一两银子到底值多少钱，能买多少东西毫无概念。《明史》里提到七品知县一年的俸禄（基本工资）只有四十五两白银。《红楼梦》里刘姥姥曾掰着指头算账："这样螃蟹，今年就值五分一斤。十斤五钱，五五二两五，三五一十五，再搭上酒菜，一共倒有二十多两银子。阿弥陀佛！这一顿的饭钱够我们庄稼人过一年了。"好家伙，贾家的这一顿饭花了二十多两银子，竟然是当时小户人家一年的生活开销了。

　　其实，各个朝代货币的价值有所不同。通常推算古代的币值都采用一般等价物交换的方式。对中国人来说，千年不变的民生商品就是大米了。

　　唐朝贞观年间，经济繁荣。这时候一斗米约五文钱，一两银子等于一千文铜钱。换算下来，一两银子可以买二百斗米。当时一斗米的重量约为六千克，计算下来，一两银子能买到约一千二百千克大米。如今，我们普通家庭吃的大米价格为每千克四至二十元，若是按照每千克六元计算的话，那唐朝贞观年间的一两银子相当于现在的七千多元。

　　到了宋朝，宋仁宗天圣年间的米价约为七百文一石。宋朝一石米的重量约为五十九千克，这样换算下来，一石米在现代的价格就是三百五十元左右，即宋朝的一文钱差不多就是现在的五毛钱。也就是说，宋仁宗时期一两银子大约是现在的五百元。

当然，唐宋时期，白银并不是普遍流通的货币，随着后来流通量逐渐增多，白银也就慢慢贬值，其购买力也一步步下降。

据《明史》所载，明朝万历年间，一两白银可购买两石大米，明朝的一石是十斗，算下来一石米重约七十三千克，一石米的价格差不多是现在的四百多元。也就是说，明朝万历年间的一两银子大约是现在的九百元。

到了清朝康熙年间，康乾盛世，国泰民安，大米产量多，价格便宜。据《清会典》记载，一两银子在康熙到乾隆年间能买七十五千克最优质的大米，也就是说一两银子大约相当于如今的五百元。另据军机处档案的记载，光绪十五年（1889 年）时，大清"大限已至"，以玉米、高粱、谷子三种粮食作为代表换算顺天府、大名府、宣化府的粮价。算下来，光绪年间的一两银子可以购买五十四千克左右的粮食，白银严重贬值，一两银子大约相当于现在的三百元。

这么看来，一两银子在唐朝时的购买力是最强的。我们在有些古装类影视作品里，能看到唐朝时期有人动不动就随身带几十两银子，有的穷苦书生进京赶考时甚至能带几锭银子当盘缠……这些都很不符合当时的情况呀。

古代人出趟远门得花多少钱？

现在从青岛坐飞机，四个小时就能落地桂林。如果是坐火车的话，大约三十四个小时也能到达。对现代人来说，我们的出行已经很快速、便捷了。

然而，在古代，人们要是出趟远门，别说跨州郡了，就是去几十公里或者上百公里外的城市，都是非常耗费体力、金钱且麻烦的事情。毕竟，古代的交通太不发达了，道路曲折，没有现在这么宽敞、平坦的马路，城市里往来的大多是居住在附近的人，很少有人会大费周章地四处走。而且，古代人出行，并不像我们现在这么方便。我们拿上手机、背个背包就能出门了。古代人为长途旅行准备的随身行李中，不仅有生活用品、床上用品，还有蜡烛、茶叶、棋子、折叠棋盘、中药等，有的人甚至会带笔墨纸砚、酒器、茶盏、斧子、锄头、刀子、油筒、虎子（尿壶）等。带的东西多，走得就慢，一天的脚程也就是二三十里路。所以除非真是有事情，不然古代人不会出远门。你可能会说："古代人不是说'读万卷书，不如行万里路'吗？"其实，这只是一种夸张，不要被误导哟。

我想有人会这么问："古代人如果是有事情要办，必须出远门，该怎么办呢?"若他们家里有钱,家底厚实,便可以乘坐自家的马车、牛车出行。马车是木轮、木轴,行驶的速度主要取决于马走的速度,马越好,车速越快。除去马喝水、吃草料、休息的时间,一般情况下,马车一天能前行一百多里路。

牛车的速度赶不上马车。大部分牛在路上拉车的时候都是慢悠悠地走,它们一小时能走五六公里路吧,跟人走路的速度差不多。牛车每天的行驶距离在十到二十公里间。也许你会说:"明明牛跑起来很快啊!"那是跑起来哟,牛可不能一直保持这种速度呢。

另外,古代可没有柏油路。坑坑洼洼的道路会影响牛、马的行走速度。不过这样也有好处,因为牛、马走得慢,所以乘坐牛车、马车时会舒适一些,不会颠得你"肝颤",你还可以欣赏沿途的风景。

你如果想快点到达目的地,那就别坐马车,直接骑快马。以隋唐时期为例,当时为了传递信息、运送物资,全国各地都设有驿站,可作为骑马换乘、歇脚的地方,约三十里就设有一个驿站。按照当时的规定,陆驿,快马一天走六驿,也就是一天前行约一百八十里。通过驿站传报军情,若遇到十万火急的情况,便要快马加鞭,"八百里加急"。不停地换新马接力,在把马累死的情况下,一天能跑六百至八百里。三国时期,曹操在追击刘备的战斗中,曾"将精骑五千急追之,一日一夜行三百余里,及于当阳之长坂"。这已经是很快的速度了,骑马一天一夜走三百里路。

不过,骑马很累啊。你蹬着马镫时两条腿还得夹紧,颠一天。你也可以选择走水路,坐船。如果是顺水前行的话,那当然快啦,毕竟有诗句为凭,"千里江陵一日还"。但如果逆水前行的话,

* 古代人出行时使用的交通工具有马拉轺车

[魏晋]《车马出行图》画砖，高台县博物馆藏

船行的速度差不多是"河行四十里，江行五十里"。

如果你家没有钱，你坐不起牛车、马车，也坐不起船的话，那你的交通工具就是你的两条腿啦。从青岛到桂林的行程，你要准备好几十双耐磨的鞋，用竹草编织的包里要装至少三个月的口粮，然后翻山越岭，开始你的艰苦之路。

说了这么一大堆，好像还没回答古代人出一趟远门要花多少钱这个问题。接下来，我们就大致估算一下他们出一趟远门到底要花多少钱。

还是以隋唐时期为例。如果乘坐马车的话，可以跟其他人"拼车"，这样便宜一些。假如你的行李不多，那么每一百里，会收费五十文。如果你是一个人包车，那么一百里路的费用最起码是一百文。这还是在理想状态下,按平坦的大路来计算的,没有山路、水路这些特殊情况。因为,如果有这些特殊情况的话,就要额外加钱。刨去路上吃喝的开销,只算路费的话,青岛到桂林的距离近两千公里,马车一天前行一百多里,在理想状态下,要四十多天才能到。如果遇到下雨等特殊情况,差不多要两个月的时间才能到。一百里收费一百文,那总共得花费四千多文。以唐太宗贞观年间的物价标准算,一两银子相当于一千文。前面讲过,这时候的一两银子的购买力相当于现在人民币七千元。当然,各个时期是不一样的,一两银子的购买力也是不一样的,姑且按这个标准先估算一番。所以,换算成人民币,这个时期的人从青岛去桂林游览一番,乘坐马车的单程路费竟然近三万元之多。

如果你自己家有马车,那就便宜很多了,不过成本依然不会

* 据故宫南薰殿藏品摹绘的李白像

［清］叶衍兰《历代文苑像传》局部,中国国家博物馆藏

太低。人和马都要吃喝，还要住宿，算下来，这一趟行程的开销不会少。当然，如果你是"公务员"，赴任公办是可以坐驿站的马车、住官家的驿站的，这样一路上大部分的开销便都是免费的。

那要是走水路呢？虽然走水路坐船便宜，但是水文情况复杂，不是每段水路都是"一泻千里"的，大部分路程都是在逆水行舟，平均一天可以行驶三四十公里。看起来较为轻松的七八百里的水路路程，在古代也需要走十几天，吃住在船上，开销也不少。

如果什么交通工具都不用，就用两条腿走的话，一天走二三十公里路，风餐露宿，七八百里的路程，要两三个月的时间才能走完。成年人的粮食一定得备足，行路费体力，吃的干饼、干馍馍都要带好，至少得带五六十斤粮食。这也是成本呢，真要是两条腿走过去，权当锻炼啦，对身体应该有好处吧。

所以说，有人特别羡慕诗仙李白，他饱览祖国名山大川，吟诗作赋，潇洒极了。由此，我们也可以知道他不缺钱了。

❀ 没有"双十一"，
古代人怎么购物呢?

古代人其实和我们现代人一样，也有"买买买"的冲动，他们也想买物美价廉的好物。可是，古代没有"双十一"这种购物节，那他们怎么疯狂购物呢？

古代人也热衷赶集

虽说古代没有互联网，没有商场，没有购物 APP，但还是有买卖平台的，也就是现在不少农村地区仍然有的集市。像"一四七""二五八""三六九"这种赶集习俗，我们现在都统称为集市。但是在古代，集市是有不同的叫法的，人们根据空间大小、地点不同，将其分为"市""集""墟""场""街"。

古代人赶集跟我们现在赶集差不多。不论是商贩，还是买东西的老百姓，都会赶早集。住得远的人要半夜起床，这跟现在熬夜等秒杀的"剁手族"绝对有一拼。你们有没有想过，"赶集"这个词是怎么来的呢？因为古代集市是名副其实的买卖市场，一般营业时间较短，一天或者半天的时间过后就结束营业了，所以古代人在前面加了个"赶"字，因为他们要赶时间。

古代集市上的货物也是五花八门，应有尽有的，小吃、蔬菜、家禽肉、凉席、床、屏风、镜台以及爱美人士喜爱的化妆、梳洗用品等等，凡是日常生活中衣食住行会用到的东西都有。其实，古代人活得一点不比现代人"糙"，人家精致着呢。

集市上，商贩们从四面八方会聚而来，一家挨着一家，像样点的商贩会支起自己的摊子，摆上货品，开始叫卖，这在古代叫"吟叫"。《事物纪原·博弈嬉戏》中有记载："京师凡卖一物，必有声韵，其吟哦俱不同，故市人采其声调，间以词章，以为戏乐也。今盛行于世，又谓之吟叫也。"意思是说商贩们通过各种方式，吸引买家注意，带动商品销售。

我们从流传下来的一些古画或者壁画中可以看到，古代人在集市上购物时的那种热乎劲，人山人海，摩肩接踵，好不热闹。

古代人也有购物节

虽然说古代没有"双十一"购物节，但古代是有类似"双十一"的促销购物节的。例如古代的"重日节"，也就是像一月初一的"春节"、二月初二的"春耕节"、三月初三的"上祀节"（黄帝的生日），还有五月初五的"端午节"、七月初七的"七夕节"、九月初九的"重阳节"等。这些用来集中购物的节日也被称为"集期"，早在先秦时期就已存在。

　　除此之外，古代人在元宵节、清明节、中元节等节日时也会赶集，久而久之这些节日便发展成古代版的"购物狂欢节"。据文字记载以及考古发现，古代人过节的"节味"比现在要浓得多。

　　就拿元宵节来说吧，古代人称这天为"灯市"。在这一天晚上，不管王公贵族还是平民百姓，必定会出门夜游，观赏各式各样的花灯。人非常多，以至车都不能掉头，人也难以转身。而且，这一天不单可以赏花灯，还可以购物。集市上什么都有，可以看戏、听书、吃好吃的、买各种用品，古代人的元宵节可是非常精彩的！

　　再说说寒食节吧。简单来说，寒食节前后的那段时间，有点像古代版的"消费黄金周"。因为寒食节恰好是在清明节之前，所以这两个节便连在一起过。寒食节有各种传统活动，禁火、踏青、秋千、蹴鞠、斗鸡、放风筝、牵钩（有点像我们现在的拔河），这些活动进行完，时间也差不多过去了七天了，可不就像我们今天的"消费黄金周"嘛！你想，人们都到户外来活动了，也就大大刺激了旅游业、餐饮业和手工业的发展。商贩们会使出浑身解数，

拿出各种促销手段，刺激人们多多购物。

古代购物节也有各种广告

讲到这儿，你可能还没想到，古代人竟然也是懂促销的，他们打起广告来是不输给现代人的。

除了店家门口通常挂的幌子、招牌，他们也发小广告。早在先秦时期，就有通过敲锣、打鼓、摇铃等方式制造出声响来叫卖的。咱们现在的购物平台促销手段可谓五花八门，比如各种与"打欠条"性质相似的先消费后付款产品，大力促进了我们的消费。古代的促销手段同样五花八门，比如"撒暂"，不管买家需不需要，一律免费试吃、试用……

古代人善于抓人眼球，尤其是酒家。他们会雇年轻漂亮、能歌善舞的歌姬在现场打广告，类似现在请网红商演，引得"浮浪闲客，

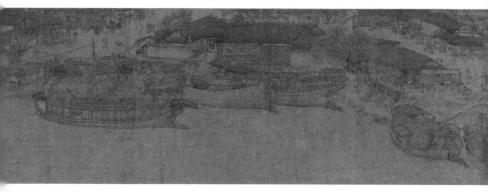

*桥上人山人海，一派繁荣盛况
［宋］张择端《清明上河图》（局部），故宫博物院藏

随逐于后","所经之地，高楼邃阁，绣幕如云，累足骈肩"。这不就是现在的促销手段嘛！看来古今商家促销方式都是一样的。

古代的物流业怎么样？

你可能会问："古代人购物哪有咱们现在购物方便呢？"我们从网上下单，剩下的就是等快递上门送件了。没错，古代人购物是没有咱们网上购物这么方便的，但随着通信业、物流业的发展，古代人也可以买外地的东西，而不是只能买自家门口的。

你一定很吃惊：原来古代就有快递了？物流业这么发达吗？据考证，夏商时期就已经有实物传递了，主要是捎带东西，比如给张家捎碗面、给李家捎封信等，传递距离都很短，只是现在物流业的雏形罢了。

到了周朝，政府发现官府衙门之间要是有专门的人送信、捎东西的话，可以提高办事效率，于是专门设置了快递的官职——"行夫"，也就是现在的快递小哥。为了更好地促进物流业的发展，当时的官府也制定了相应的行业规则——"虽道有难而不时，必达"。这就相当于现在物流业承诺的"三日必达"或者"当日必达"。行夫除了传递官府衙门之间的文书，也为老百姓传递东西，这样老百姓的生活就方便了很多。

秦汉时期，除了靠人力的短途快递，还增加了远程快递。要是客户对时间有要求，"快递员"就要用上牛车、马车等工具。再补充一点，在古代，"快递员"可不是谁想当就能当上的，而是有上岗门槛的，当时有明文规定，老者、弱者和不诚信者不能当"快递员"。

物流业真正发展到正规化阶段的时间是魏晋时期。那时出现了专门针对物流业的"第一部邮政法规"——《邮驿令》，它在中国邮政史上具有里程碑意义，在这之后，物流业也越来越发达。

唐朝著名的"一骑红尘妃子笑，无人知是荔枝来"，讲的就是把荔枝从岭南运到几千里外的长安，快递是人畜接力，一路狂奔，风雨无阻的事。水果本身容易腐坏，运达目的地时，荔枝还能保持新鲜，可见当时的物流速度有多快。虽说这首诗是讽刺杨贵妃的奢侈生活，但也折射出唐朝的物流业已经很发达了，如果有人想要几千里之外的东西也不用等很久。

当然，从古至今，在类似"双十一"的购物节中，最辛苦的就是"快递小哥"了。他们风里来，雨里去，他们的辛苦付出，为我们的生活提供了极大的便利。

* 河边来往船只较多，河运十分发达
［清］《清明上河图》清院本局部，台北故宫博物院藏

职场篇

古代人上班的那些事

✿ 古代人也要"上班"吗？

上班，是我们"上班族"每天都要做的事，但是一星期里总有那么几天是真的不想上班。你会不会疑惑，为什么"去工作"会被称为"上班"呢？这说起来好像挺简单的，但要是咬文嚼字，细究历史的话，我们就会发现原来古代便有这个说法。

篆书"班"字

要想弄明白这个问题，咱们得先从"班"字的演化慢慢道来。《说文解字》对班的解释是"班，分瑞玉"，"瑞玉"是

*【班】篆书

指古代诸侯或藩王朝见皇帝时所执的玉质信物。它由质地优良的美玉制成，有点像调兵遣将的虎符，可以一分为二，双方各执其一。在古代，你风尘仆仆地从外地赶赴京城办事，没网络、人脸识别、大数据，通信也比较慢，要怎么才能马上证明你是外藩使节或藩王属下呢？事实上，你只要拿出持有的一半瑞玉，能跟官家的一半瑞玉对上，便能证明身份了，所谓"班，分瑞玉"就是这个意思。

我们再来看看"班"的字形。现在看来，早期的篆书"班"字就是在两个王中间加一把匕首。其实古代汉字少，往往是一字多义。玉石的"玉"，一开始就是"王"字，后来给王加了一点，变成了"玉"。而"玉"作为偏旁出现时，现在还是写成"王"，这也是汉字的演化。

所以"班"字并不是把两个"王"分开，而是将雕刻精良的美玉一分为二，这代表着一种祥瑞，如边境和平或封王永昌。帝王将其分给不同的群体，如外藩或各地诸侯，则称为"班瑞"。《尚书·舜典》记载："班瑞于群后。"意思就是把作为凭证的玉分发给诸侯。

古代人上朝

最早的时候，"班"是作为动词来使用的，跟分配瑞玉有关。随着这一含义不断演化，便渐渐增加了新的内容。

我们都知道，在封建社会中，但凡涉及分配的情况，就要分出个三六九等来。因此，"班"就有了把某事、某物分成多份，根据等级、地位等有秩序地进行分配的意思。比如，在朝堂上，就得根据官员的官职大小和品级高低，分出谁站的位置离皇帝比较近，然后固定位置，不能随便走动。在那些仙侠类影视作品中，天庭人士常常自诩"位列仙班"，这其实体现了仙人相较于凡人的优越感。

"班级"就是把一群人先分开，再按照一定次序排列成不同的组织。据考证，宋代官吏在早朝面圣议事时，就被称为"上朝班"，要根据官职、品级，捧着玉制的用来记录天子命令或旨意的"笏"。你得穿戴好朝服，整理好衣冠，到你所在的次序、职务或岗位上去，努力为国尽忠。

"班"字的演变

为了显示尊卑有序，只有一人之下，万人之上的一品宰相才能称"上朝"，其他官员都只能称"上班"。他们日复一日、勤勤恳恳地报效国家，这就是"上班"的源头。这里体现了一种严格的等级秩序和阶层划分，所以，古代只有"公务员"去衙门办公称"上班"，其他像商人、农民等去工作地点挣工资的，都不能称"上班"。换句话说，这些人是没有资格使用"上班"这个词的。那他们工作叫什么呢？答案是"营生"，也就是以经营的方式，获得生活或生存的必需品。

"上班"一词有多种用法。《唐顺之集》中记载："驻操则本处兵备监督，上班则该镇兵备监督。"这里的"上班"就是指轮到镇兵去驻地执勤了。到了清朝，"公务员"进署办公，称为"上衙门"。不过，军机处例外，军机章京入直，不叫"上衙门"而是叫"上班"。他们进有定时，退有定规，不像六部各司官"上衙门"那样自由，这也说明在当时"上班"是件严肃的事情。

❀ 你羡慕古代人生活惬意，不加班？太天真了！

读古代人的诗文，我们可能会觉得古代人不仅不用上班，而且生活还很"小资"！像陶渊明"采菊东篱下，悠然见南山"，他可以过自给自足的田园生活。再看看李白，他游历名山大川，留下了无数流传千古的诗篇。古代人怡然自得的生活真是好令人羡慕啊！这样看来，古代人生活似乎没有什么压力，他们不用辛苦加班，也不用背负房贷、车贷。要是我们能够回到古代的话，那该多惬意呀！然而，事实真的是这样吗？古代人上班真的比咱们舒服吗？他们都不用加班吗？本小节，让我们一起走进古代人的工薪生活！

都说"三百六十行，行行出状元"，其实这句话不是说古代有三百六十种工作，而是泛指各行各业。按照职业，大体上可以用士农工商、三教九流概括古代人的工作内容。受限于篇幅，我们没法把士农工商、三教九流都说清楚，所以重点说一说"士"。

在古代，"士"相当于现在的"公务员"，是我们最熟知的。在古籍中，我们经常能看到他们有事没事就品酒、吟诗，是那么潇洒、快活。你可能会问："难道他们不上班吗？"当然不是！

只是他们的假期比较多而已。

我国的休假制度起源于汉朝。官员每工作五天，就放一天假，冬至、夏至的时候放五天假，此外他们还有丧假和探亲假。据《汉律》记载，早在西汉时，政府就在典度中明确规定："吏员五日一休沐。"意思是说官员每工作五天就要休息一天。这个制度，在西汉两百多年的时间里被很好地贯彻了。到了东汉，这个制度得到了进一步实施。司马迁在《史记·万石张叔列传》中写道："官员每五日洗沐归谒亲。"这时的"休沐"规定：官员不但可以洗澡、休息，还可以回家看望老小、夫妇团聚。倘若碰到皇帝诞辰、孔子诞辰，还能再放三天假。所以，当时的各种假期加在一起，竟然有七十多天！

到了唐朝，"五天工作日"延长至"十天工作日"，被称为"旬休"，这种旬假制度一直沿用至宋朝。此外，这时还有了"黄金周"的概念，全年共有三个黄金周：春节、冬至、寒食（清明前一或二日）。这三个"黄金周"各放七天假，中秋、夏至时分别放三天假，元宵节、中元节、端午节、重阳节等都会放假，几乎每逢节气都要放假。

看看，古代的休假待遇是不是令人羡慕呢？我们现在法定假日共有十一天，加上各种调休出来的"小长假"，一共约有三十天。不过，咱们先别急着羡慕古代人。任何事都有多面性，古代的这些休假待遇表面上看起来似乎不错，可古代人每天上班的时间是怎样的呢？

古代公职人员上下班和现代相似，也是晨聚昏散，但具体的上下班时间又比现代的"996""朝九晚五"要提前。《诗经·齐风·鸡鸣》中有记载："鸡既鸣矣，朝既盈矣……东方明矣，朝既昌矣。"意思就是让人快起床，公鸡已经打鸣了，上朝的官员都已经到了，怎么还能睡懒觉呢？我们知道，公鸡一般是在凌晨的四五点钟打鸣，可见古代人上班的时间有多么早。我们现在大多是早上八九点钟才上班，四五点钟的时候我们还在呼呼大睡。古代的那些要进宫朝拜天子的重臣，三四点钟的时候就已经在摸黑赶路了。那古代官员几点钟下班呢？关于下班时间的规定，古代有惯例，历朝历代都没有太大的变化，比如清朝规定春夏下午四时"下班"，秋冬下午三时"下班"。你可能会说，如果起晚了或者想睡个懒觉的话，请个假可以吗？不行的！古代的上班制度很严格，官员要以"清、慎、勤"为原则。"勤"便是按时上下班，不得有迟到、早退、缺勤等行为，这在历代典章制度中都有规定。《唐律疏议·职制五》中规定：官员应上班而不到的，或者缺勤一天的，处笞二十小板，每再满三天加一等，满二十五天处杖刑，打一百大板，满三十五天判处徒刑一年。倘若是在军事重镇或边境地区任职的"边要之官"，还要罪加一等。

同现代人一样，古代人迟到也会按次数被罚钱。唐玄宗时规定，文武官朝参，无故不到者，夺一季禄。唐肃宗时则规定，朝参官无故不到，夺一月俸。唐文宗时又规定，文武常参官，朝参不到，据料钱多少，每贯罚二十五文。

这还不是古代"公务员"工作的全部内容。以唐朝为例，虽然假期特别多，但唐朝官员的工作却不轻松。表面上看，官员早上班早下班，好像很科学、很人性化，可是还有一个叫"宿

*汉宣帝表彰重用守令

[清]《彩绘帝鉴图说》之「褒奖守令」,

法国国家图书馆藏

*唐尧在位时任用贤臣掌管农事季节时令

[清]《彩绘帝鉴图说》之「任贤图治」,

法国国家图书馆藏

121

直"的制度非常折磨人，可谓是加班的升级版。"宿直"就意味着大臣们一整晚都不能回家，官职大一点的就得直接在宫里住下了，官职小一点的还得寄宿在衙门。这还不是重点，重点是一个宿直轮次中，众官员不能离开皇宫。也就是说，他们白天要上朝处理政务，晚上要值夜班，第二天还要早起上朝、处理政事，根本不能回家休息。唐代诗人白居易在《晚归早出》写道："退衙归逼夜，拜表出侵晨。"意思就是自己前一天下班回来已经是深夜了，第二天还要一大早起来上班，不敢有所懈怠。"摸鱼党"可能会说："不就是值个夜班嘛！大晚上的没事干，可以写首诗、填首词，实在顶不住了倒头就睡呗！"对不起，这样是不可以的！如果你不想挨板子，就必须要按照规矩来，晚上要像白天一样打起精神上班。这是为何呢？因为古代可没有什么规章制度能制约皇帝，晚上皇帝一拍脑门想起某件事情，传了一道口谕下来，值班的官员要立刻抖擞精神，处理事务，把相关材料和文件都准备妥当。要是做不好的话，皇帝的一句话，相关官员便保不住乌纱帽啦。

因为唐朝开了个"好头"，所以历朝历代"宿直"执行得越来越严苛。总体上而言，清朝皇帝都是比较勤政的。乾隆时期，有一次凌晨两点左右，乾隆收到了一封快马加急送来的战报。乾隆看完，需当即下敕令，这就需要值班的官员马上到场工作。可这个时间正是人犯困的时候，值班官员困得直打瞌睡，跟在太监后面便来到了养心殿窗外。乾隆哪管值班官员是什么状态，在殿内哇啦哇啦地一通说，最后留下一句："快去，把敕令给朕传下去！"值班官员当场吓得快尿裤子了，他实在是太困了，再加上紧张，竟然大脑一片空白，瞬间汗如雨下。他也不敢让皇帝再说一遍，就在他绝望的时候，引他过来的太监看穿了一切，便悄悄地告诉了他皇帝的意思。值班官员心领神会，按照太监所说，将旨意拟好，递了上去。但他依旧非常担心，怕自己错漏关键，会小命不保。乾隆一点都不马虎，仔细看过后说道："写得不错，正合朕意。"听到皇帝这句话，值班官员这才松了一口气。事后，皇帝对朝中重臣说道："我朝竟然有如此优秀的人才，重赏！"于是，这位差点因为值班丢掉小命的官员，竟然因祸得福，升职加薪了。

不过，这种狗屎运就好比中彩票，更多的是把差事办砸的情况。事实上，宿直制度严重影响了官员的正常生活，熬夜很伤身体，长此以往，搞不好还会猝死！所以，唐朝有人站出来反抗这种极其不合理的加班制度。比如姚崇，他是武则天、唐睿宗、唐玄宗三朝元老，到唐玄宗的时候，他老人家一把年纪，体力不支，实在是经不住折腾了。可按照大唐律例，身为宰相，更要树立典范！只要皇帝没准你告老还乡，你就得接着干，就得值班，值完夜班，第二天早上还得继续去上朝，风雨无阻。这可把老人家给折腾苦了。最后，姚崇实在是受不了，便说："老夫值班值了三朝了，现在是老骨头一把，不去了。"结果，宫人仍然一次次地通知他："姚崇大人，要上朝了。"这让姚崇非常不满。他二话不说拿起笔，在值班日志上写道："告直令史，遣去又来，必欲取人，有同司命。老人年事，终不拟当。"意思是："我都告假说不去了，你们还催我？我前脚刚进家门，茶都还没喝一口，你们后脚就催我进宫，你们是催命鬼吗？我老了，不行了，值不了夜班，你们爱怎么办就怎么办吧！"一位德高望重的老人家，愣是被逼到了用粗鄙的语言来发泄不满的程度。这跟老人家平时一丝不苟、"高大上"的形象完全相反。皇帝看过这个日志后哈哈大笑，从此再也没有人逼老人家加班了。

不过工作之余，古代人讲求顺应自然，应循四时而动，并为此拟定了很多节日和活动作为调节。像二月初二、三月初三、六月初六等日子都有相应的活动，端午、中秋、元宵之类的重要节日更是会君民同乐，所有人都过节休息，劳逸结合。

别惊讶，古代的上班制度比"996"更可怕！

在当下互联网企业的文化中，"996"似乎已经成为一种常态，早上九点上班，晚上九点下班，一天工作十二个小时，一周工作六天。都说古代人"日出而作，日落而息"，那他们就不会有"996"了吗？当然不是！前面讲过，在古代，只有"公务员"才会"上班"，而普通老百姓才不用考虑上班制度的问题，正常"日出而作，日落而息"即可。据考证，古代官方规定的"996"工作制度起源于隋朝。始作俑者，不是大家耳熟能详的暴君隋炀帝，而是他爹——文治武功的隋文帝。

关于上班时间这件事，不同朝代有不一样的规定。

在周朝，官员上班需要依照公鸡打鸣的时间。一旦听到鸡打鸣，官员就要前往朝堂了。《诗经·齐风·鸡鸣》中有记载："鸡既鸣矣，朝既盈矣。匪鸡则鸣，苍蝇之声。东方明矣，朝既昌矣。"意思是说公鸡打鸣的时候，人就得去上班的地方了。公鸡打鸣的第一声一般是在凌晨四点左右，绝大多数人还在睡觉，天也黑着，万籁俱寂，可怜的"公务员"却已经走在"上班"的路上了。就算刮风、下雨、下雪、下冰雹，天气再冷、再恶劣，路再滑，你也得去上班，"鸡鸣即上班"，雷打不动。

可能是这种要求太残酷了，后面各朝代的国君不忍心，并没有沿用。比如明朝时期就规定卯时上班，也就是早晨五点到七点。这对现代上班族来说，可能还是太早了，但对古代人来说已经是格外开恩了。这也是"点卯"一词的由来。"公务员"要在酉时签退，也就是晚上五点到七点之间签退，这样算下来，一天工作的时间是十二个小时，和咱们现在的"996"差不多。那么下班时间呢？一般情况下，他们起得早，散朝也早。以清朝为例，京官的下班时间分时令：春分后申正时（约下午四点）下班，秋分后申初时（约下午三点）下班。据古代诗人描写，下班时分"临昏细雨如撒沙，城中官府已散衙"，那时候没电、没网络，也没什么丰富的夜生活，他们只能早点回家吃饭、睡觉。

除了官员，仆人也要按时上班下班，并要工作超长段时间。清朝文学家方苞曾用"夜四鼓卧，鸡鸣而起，率以为常"形容过他的一个婢女的工作，四鼓的时间大致是凌晨两点，这名婢女在凌晨两点睡觉，早上六点就要起床，一天仅休息四个小时。而且，婢女没有休息日，一年三百六十五天都要上班。好家伙，这听起来也太残酷了！

那古代的休息日是怎么规定的呢？

根据《汉律》可知，吏五日得一休沐。"休沐"就是沐浴更衣，修发洁面束冠。"凡事之本，必先治身"，治理政事一定要先修养自己的身心，于是这句话也就引申出了放假休息的意思。不像现在，我们有了手机，即使是下班了，逛商场、看电影、吃大餐时，也要保持手机待机状态。毕竟，说不准下一秒就有领导给你打电话或者发微信，要你马上回单位或在线处理事情。

按照汉朝每上班五天就休息一天计算，古代官员一个月可以休息六天。这看似比现在每个月至少四个双休日加起来的八天少，但休假的质量一定更高。每月放几天假在各朝代并不固定，唐朝是十天一休沐，一月前中后三次，这也是上旬、中旬、下旬的历史由来。我们现在可以享受春节、清明、端午、中秋、"五一"、"十一"、元旦等假期，但说实在的，古代的节假日花样更多。春节、"十一"能够放七天假，我们就觉得放假时间挺长的了，但古代人的春节、寒食、冬至都是放假七天，而且中秋和夏至还可以连休三天，然后小的节日，也可以休一天，皇帝、皇后的生日以及孔子、孟子、老子等圣人的诞辰都必须休息，就连佛祖的诞辰都会放假……在放假这件事上，古代人的假期肯定是比我们多的。

你猜，给打工人放假最多的是哪个朝代？没错！竟是经济发展飞快的宋朝！元旦、寒食、冬至各放假七日，上元、夏至、中元各放假三日，立春、清明各放假一日，每月例假三日，一年共有六十八天带薪假期！但这还不够，基于人伦血缘和宗法观念的考量，宋朝还有不少休假！比如，儿子二十岁行冠礼、女儿十五岁行笄礼放两天假，子女结婚放九天假，父母去世直接回乡守孝三年。除此之外，五月有十五天的田假，九月有十五天备制寒衣的授衣假。父母在三千里以外的人，每三年有三十五天假；父母在五百里以外的人，每五年有十五天假。若是有突出贡献，皇帝会专门"赐告"，额外批准休假。林林总总算下来，宋朝人一年有一百多天可以休假。

说了这么多，很多朋友一定特别想穿越到古代享受愉快的假期，不再"996"，但我国古代是农业社会哟，物质条件肯定没办法跟现在比。生产效率低下，农民、商人等都是给自己打工，肯定要比现在辛苦！

* 勤政堂是江宁织造府的大堂，匾额为康熙皇帝御笔。展厅内复原了旧时织造府的场景：公案后是在明清两代公堂上常见的"海水朝日图"，地面铺着的巨幅丝织品上有蟠龙、蝙蝠、福山、寿海等吉祥图案

勤政堂展厅摄影图

✿ 古代在衙门办公的人也有工资条吗?

有人说:"这世界上最没用的就是工资条,看了生气,擦屁股太细!"仔细琢磨一下,也是蛮有道理的。喜欢历史的朋友在领工资条的时候,有没有想过,上班的古代人会不会每月也要领工资呢?他们在发工资的时候,会有工资条吗?

其实,古代不仅有工资,而且在相当长的一段时间里都是实行年薪制。现在一听"年薪",感觉就是高薪白领才有,可在古代却并不是这么回事。咱们现在工作的种类很多,工资的结算方式很灵活,可以按小时、天、周结算,甚至还可以按项目结算。可是古代并没有如今这么多的结算方式,从当官的到打长工的,基本上都是实行"年薪制"。不过这也是分三六九等的,古代的"年薪"跟现代的工资叫法并不一样:民间的工资大多称为"工钱",当官的工资大多称为"年俸",一般都是在年底才发放到他们手中。你们可能会问:"如果'月光族'等不了一年发一次或者有人家中急用钱,手头拮据要怎么办呢?"他们可以临时借一些钱用,记个账,到了年底一并从总额中抵扣就行。

月薪和年薪,说起来好像只有一字之差,其实大有区别。领月薪的,工作干得不开心可以马上走人。领年薪的就不一样了,要是敢走，跟单位翻脸，那一年的工资可能就要泡汤了。

不过古代并没有这些概念。拿工资的人要么是给地主老财打长工的，要么是给作坊做帮工的，要么是在饭庄、酒庄、钱庄当伙计的，要么是在镖局当镖师的……其实说白了，这些工作本身就不是很稳定。真正在衙门里拿固定工资的，基本上都是想方设法考取功名的官家人！你想，十年寒窗苦读，为的就是鲤鱼跃龙门，光宗耀祖啊！他们不光是为了肚子，也是为了脸面，一般人也不会主动辞职。所以，总的来说，古代、现代都一样，拿年薪的人一般不会主动辞职，工作相对稳定一些。

我们有时候会听到"吃皇粮"的说法。实际上，"吃皇粮"一词就是源自古代的薪酬发放。天下都是皇帝一个人的，所有的官员可都是给皇帝打工的嘛！所以，他们得到报酬就被称为"吃皇粮"。不过，话说回来，皇粮的说法还是很贴切的。因为，古代的工资和我们现在的工资不一样，古代大部分时候发的都是实实在在的粮食，而不是银票、真金白银、铜钱等。据考证，至少在东汉以前，俸禄发的都是食物，至于怎么换成钱那是自己的事情。比如战国时期的秦国，一开始没有建立起完备的俸禄制度，后来到商鞅变法时才实行了俸禄制。当时推行军功爵位制，等级不同的人俸禄不一样，一年发一次，发的俸禄是粟米（小米）。爵位最低的是公士，一年给五十石粟米；爵位最高的是彻侯，一年给一千石粟米。秦朝的一石换算下来大约是现在的三十一公斤，五十石就是一千五百多公斤，一千石就是三万一千公斤左右。抛开当时一般等价物的购买力不讲，只按照现在的价格来估算一下。现在好一些的小米每斤是六至十元，就按照一斤十元来算的话，拿得少的官员，一年有三万多元，拿得多的官员一年有六十多万元。年薪六十多万元，我一个现代人看着都眼红呢！我想这也是秦国能统一六国的原因之一吧，秦国的士兵都会奋勇杀敌，毕竟军功越高，爵位就越高，拿的俸禄也就越多啊！

秦朝灭亡后，西汉建立，西汉除了换了"招牌"，大部分制度都继承自秦朝，官职也多沿袭秦朝，例如丞相、太尉、御史大夫等。不过汉朝正式建立了俸禄制，以官职的等级高低作为发放工资的标准，"自中二千石至百石，各有等差。"工资最高的是三公，他们的俸禄在一万石以上。据考证，汉朝时佐史这个级别的官员年俸是九十六石，换算下来，他们的工资大约是现在的三万元，不知道这是不是他们税后的工资。

说起来，古代的官员并不是单靠"死工资"生活，他们都有补贴，也就是朝廷的各种"赏赐"。这样算下来也是有不少钱的。比如西汉时期，政府很大方，皇帝有时候会直接赏钱，有时候是赏酒肉、车马，甚至连奴婢、房子都会赏赐。不过，可不是只有汉代会这么做，这种"赏赐"一直到清朝都还有。怪不得古代人要寒窗十年，坚持苦读，毕竟福利真的是太好了。

说完了年薪，我们再来说一说"月薪"。话说南北朝时期，南朝宋的开国皇帝是刘裕，他建立南朝宋之后，也实行了一些大刀阔斧的改革，其中就包括对俸禄发放的调整，将年薪变成"按月分俸"，这就是如今月薪制度的雏形。也就是说，古代各个朝代并不都是实行年薪制，也有实行月薪制的，至少南朝宋就是如此。

到了唐宋时期，社会经济发达，官员薪水也就更丰厚啦。唐朝官员的收入相对稳定，除基本工资（禄米）、职田之外，还有

赙刀　　　　　赙四刀　　　　　赙六刀

* 战国时期，在韩、赵、魏等国开始流通一种"圜钱"
[战国]方孔圆钱，上海博物馆藏

* 明朝洪武元年（1368年）铸，分为五等。为了避讳朱元璋的"元"字，明代铸钱从此为通宝制
[明]洪武通宝，上海博物馆藏

* 汉武帝元狩五年（前118年），令郡国铸行的一种五铢钱
[汉]郡国五铢，上海博物馆藏

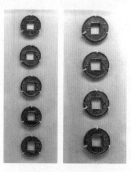

* 汉武帝元鼎四年（前113年），由上林三官(钟官、辩铜、技巧三官的合称）专铸的标准五铢钱
[汉]上林三官五铢，上海博物馆藏

＊唐高宗在武德四年（621年）废止五铢钱，铸行『开元通宝』

［唐］开元通宝，首都博物馆藏

以现金形式发放的"俸料钱"——月俸、食料、杂用等。月俸是官员每月俸禄的现金部分；食料是用于支付工作餐和个人生活的现金，有点类似现代的餐费补助；杂用则是用于自备工作所需物品的现金。宋朝官员有更多补贴，除了加俸、职田，赏赐也是少不了的，另外还有"公使钱"、可以支配的有价证券（相当于现在的消费券，可以用于支付住宿、交通等费用）等。

别看宋朝经常挨揍，可是它的经济极其繁荣，创造了中国古代历史之最。难怪有人说，南宋如果没有灭亡，继续发展下去，作为世界上富有的、文明灿烂的国家，没准会引领全世界。

可惜，历史没有如果。

我们再重点说一说宋朝的工资水平。宋朝应该是知识分子最想穿越过去的朝代！很多史料中都有记载，宋朝公务员的俸禄相比其他朝代而言是最丰厚的。以宋朝的正一品官员的月工资为例：禄米一百五十石、月俸钱一万两千文、绫二十匹、罗一匹、绵五十两。我们粗略按照各朝代一两白银可以兑换一千文铜钱，一文钱相当于现在四元来计算，月俸钱一万两千文相当于现在的月薪五万元。有朋友可能会觉得这些钱也不算多，但是别忘了宋朝官员的工资还有米啊。宋朝的一石约合现在的一百一十八斤，一百五十石那就是一万七千多斤，现在去超市买米，一公斤大米的价格是五到十元，粗略估算一百五十石大米也值八九万元呢。这些只是最基本的，还没算茶酒钱，国家报销的雇佣用人的钱，等等。总之，林林总总加起来，正一品官员的月工资远比咱们现在算的金额要多。我们都熟悉的包青天包大人，他一年的工资算下来可是很高的。还有南宋的著名爱国将领岳飞，他在三十二岁时就任节度使，每个月的俸禄比当时宰相秦桧的俸禄还要高。

有工资高的朝代肯定也有工资低的朝代。有人可能会说工资低的朝代是明朝。朱元璋出身贫苦，深知民间疾苦，当了皇帝后觉得朝廷之所以被人民推翻，就是因为当官的太腐败，搞贪污，于是官员薪水就很低。洪武二十五年（1392年）规定：明朝正一品官员的月俸米只有八十七石，随着官员品级的降低，俸米越来越少。从一品至正三品，递减十三石至三十五石，从三品二十六石，一直减到七品至从九品递减五斗，至五石而止。也就是说，到九品官员那里，月俸米只有五石。而且明朝官员并不一定能领到相应的米粮，因为朝廷还会将米折成纸钞和调味品。别说是跟唐宋时期的官员相比，就算是跟秦朝的官员相比，明朝官员的工资也是少得可怜!

但你以为这就是历朝历代中工资最低的朝代了吗，当然不是！有一个朝代官员的工资竟然是零！这样奇葩的朝代便是南北朝时期的北魏，准确地说是北魏初期。北魏创建之初，统治者制定了许多奇怪的制度，其中一项就是"官吏无俸"，文官靠赏赐，武官靠掠掳。

有朋友会问了："当时的皇帝不会真以为治理国家就像管理游牧民族那样，抢了东西大家分一分就好吧？"这个问题我们放到下一节重点讲。

✳ 官员没有工资？是的，就在一千六百余年前的北魏

　　我在前文中讲了唐宋时期官员的工资很高。但是纵观历史，其实大多数时期官员的工资都不高，甚至还有一段时期的官员是没有工资的。是的，你没听错，没有工资的官员，就是一千六百余年前的北魏官员。

　　北魏创建之初，皇帝制定了许多奇怪的制度，"官吏无俸"就是其中之一。究其原因，大概因北魏主要是马上民族，皇帝为鼓励大家拼杀，所以便不设俸禄，这样战利品就可以自给。这在战争时期还行，但在和平年代，弊端就显而易见了。皇帝吃饱了不管手下人的死活，而官员们上有老，下有小，他们的妻子没工作，家中又有好几个孩子，难道要活活饿死吗？当然不会！官员们不会眼睁睁地饿死，既然没有俸禄，那么贪污受贿、巧取豪夺就成了他们认为理所应当的事情，一些地方官员甚至还会靠地方豪强来供养。

　　在南朝，国家机关的京官没有地方官收入高，就是因为地方官员的补贴更多。地方官除了享有基本的"菜田"，还享受"杂供给""迎新送故"等制度允许的收入。"杂供给"由地方政府

根据本地情况自行征收，很多官员将之当作福利补贴，甚至连鸡、鱼、肉、蛋都向老百姓征收。南朝齐国吴兴太守谢朓，本为京官，就任吴兴太守后不思政务，整天就盘算着如何敛财、捞外快。建武初年，他向吴兴老百姓征收鸡蛋，收了数千只鸡。

你可能会想，既然没有工资，那些不想当贪官的人，辞职不就好了？其实不然，在古代，费了九牛二虎之力考上功名，在官府当差的人，是不会轻易辞官的。就算没有工资，皇帝也不会真的不管，让自己的官员活不下去。古代人的工资和我们现在的工资不一样，发的并不全是真金白银，还有实实在在的粮食，一般很少有发现金的，所以那时候也叫"吃皇粮"。那是一种身份和荣耀，能忍"十年寒窗苦"，图的就是有朝一日"吃皇粮"，谁会舍得主动下岗呢？所以官员就算没有工资，也会有一口饭吃，这比很多普通老百姓强得多。

当然，官员工资最高的朝代还得是宋朝。宋朝时的官员不仅工资高，当官的门槛还低。宋朝末年，一次科举考试能有六七百人考上进士。只要没有什么大错误，文职官员三年就可升官，武职官员四年就可以升官，铁饭碗的含金量越来越高。而且官员死后，儿子还可以继承其官职，因此只要能当上官，子孙吃喝就不愁了，难怪那时那么多人都想考取功名。这就导致宋朝时许多女子争破头也要抢着做官员的妻子。在科举考试放榜的那一天，经常会出现"榜下捉婿"的有趣场面，各地的富豪、乡绅全员出动，争相挑选考取功名的读书人做女婿。可见，在宋朝当上官，不仅有钱拿，姻缘也会自动送上门来。

古代后宫嫔妃有工资吗？

从某种意义上来说，古代后宫中那些环肥燕瘦的三千佳丽也是官员呢，而且她们是拿着铁饭碗的正式编制人员。她们的工作就是侍奉好宫中唯一的男主人——皇上，负责陪吃、陪喝、陪玩，为皇帝生儿育女，延续王朝国祚的工作。这样一份奋斗终生的"工作"，要是干得出色，奖赏丰厚不说，还有机会能"升职加薪"。

按说，国家是要给她们发工资的，但是具体发多少呢？我们在影视作品中，能看到一些娘娘一掷千金，也能看到有些小主在宫中忍饥挨饿。看起来，她们的薪资水平好像差别很大。后宫嫔妃们的薪资水平到底是怎样的呢？哦，对了，那时候不叫薪资，叫"宫份"。宫份的发放也是分等级的，其中受宠程度、贡献大小、"工龄"几何……都有讲究。参考朝中其他行政人员的等级，定出不同官品的宫妃，以此为据，给她们发放不同的宫份。

汉宫妃嫔的年薪制

历朝历代的后宫的宫份多少都不一样，但可以大致分为年薪制或月薪制。

以西汉为例。当时经济不如唐宋等朝代发达，给宫妃发放的"工资"主要以谷物和生活用品为主。

根据《汉书·外戚传序》《汉书·百官公卿表》，大概可以总结出西汉时期的妃嫔的"年薪"：汉宫承袭秦制，后宫妃嫔称号最高等级的是昭仪，为仅次于皇后的称号，官阶、俸禄皆比诸侯王，年薪四千二百斛。婕妤，官阶、俸禄皆比列侯，年薪也是四千二百斛。娙娥，官阶、俸禄皆比关内侯，年薪两千多斛。容华，二千石皆比大上造，年薪一千八百多斛。美人，官阶、俸禄皆比少上造，年薪一千四百多斛。八子，官阶、俸禄皆比中更，年薪一千多斛。以此类推，对应的官阶、俸禄越来越低。

虽然昭仪的等级与百官之首的丞相差不多，但实际上，她拿的年俸并没有丞相多。四千二百斛稻谷，按照现代学者对秦汉计量单位的换算，一石（通常学者认为斛和石相通）稻谷大概可以折合成现在的二十七斤。所以，秦汉时期的昭仪每年的俸禄大概有十一万斤粮食，可以养活三百多人。宫中等级最低的女官是保林，待遇相当于现在的科员，年俸少说也有一百九十二斛，换算下来，她们的薪水也是很高的了，随随便便就可以养活十几个人。

唐宋时期的月薪制

唐宋时期，商品经济大发展，皇帝们有钱，嫔妃的工资直接发重金属货币——真金白银，并改为月薪制。唐初时期，正一品的贵妃、德妃、贤妃等，月薪较低，到唐太宗时则涨了很多。与"月薪"不断上涨相反的是，唐初到盛唐期间，粮食价格却在持续下降。有人算过，唐玄宗时期的一个贵妃，每个月工资可以买三万一千斤粮食，简直不要太爽！

清朝妃嫔的年俸

到了明清时期，后宫妃嫔的薪水发放又改为年薪制，并用银子作为薪水的主要内容。清朝的后宫妃嫔分为九个等级，不同级别工资也是不一样的。妃嫔领取的是固定年薪，宫份共有三部分：一是固定的基本工资，二是生活用品、绸缎、饰品等，以及逢年过节的慰问金，三是生孩子的奖金和绩效奖。

清代的后宫妃嫔，分别是皇太后、皇后、皇贵妃、贵妃、妃、嫔、贵人、常在、答应。清朝的《国朝宫史》中记载妃嫔每年得到的"薪资"如下：

皇太后	黄金 20 两，银 2000 两	约 100 万人民币
皇后	银 1000 两	约 30 万人民币
皇贵妃	银 800 两	约 24 万人民币
贵妃	银 600 两	约 18 万人民币
妃	银 300 两	约 9 万人民币
嫔	银 200 两	约 6 万人民币
贵人	银 100 两	约 3 万人民币
常在	银 50 两	约 1.5 万人民币
答应	银 30 两	约 0.9 万人民币

有读者可能会问："都是皇帝的女人，怎么年收入差别这么大？"其实这是因为清朝还有个规定——妃嫔自己宫中宫人的工资，是包含在这些年例中的，所以像皇后、皇贵妃这种宫里宫人比较多的，支出也多，所以年例肯定多一些；而答应、常在这种宫里没有很多宫人的，年例自然就少一些。

有读者又可能会说："她们工资也不高啊！我一个月挣好几千元，跟贵人、嫔妃还是可以比一比的。"你别忘了哟，上面只是人家的工资，她们可是还有别的福利待遇呢！例如，到了皇后的生日时，皇帝就会赐金九十两、银九百两、貂毛、皮草、绫罗绸缎等。而且，她们住在皇宫中，吃、穿、用都不用自己花钱，生孩子、孩子满月时，皇帝还会发红包，诸如此类，统称为"赐俸"。不过，相比之下，后宫妃嫔薪水高的时候还是唐宋时期，尤其是盛唐时期。所以，你如果有机会穿越到古代当妃嫔，记得选薪水高的唐朝哟！

咸丰四年甘肃司钞五百文 清

＊咸丰四年（1854年），甘肃官银钱局秦州分局发行「司钞」，限于当地使用

[清] 司钞，上海博物馆藏

❀ 看不起打更的？哼！人家可是"事业编"

我们常说现代社会竞争压力大，求职不容易。可你知道吗，在古代，就业其实也是一样的，甚至有些你可能看不上的职业，实际上都是"铁饭碗"。比如，大多数人都对阉人嗤之以鼻。其实，宦官的职业待遇还是不错的，而且做得好，还可以飞黄腾达。在古代，宦官一直是热门职业，很多人都抢着入宫当太监。以明朝为例，有一回宫中招收宦官，有两万多人应聘，结果僧多粥少，只录取了四千五百人，剩下的一万多应聘人员在宫门口呼天抢地。另一个"铁饭碗"，你可能想不到，那就是巡夜的更夫。你可能会想，更夫？是古装类影视作品里，晚上敲着梆子、敲着锣，一边走街串巷地溜达，一边循环着高喊"天干物燥，小心火烛，天干物燥，小心火烛"的那个"打更的"吗？

更夫报时

更夫要在夜间报时，很辛苦。要知道，古代的房子都是木质的，一旦谁家不小心点燃了屋子，那可就是"火烧连营"了。以古代的救火水平，火着起来房子基本上就没救了。所以，夜里更夫会提醒大家注意安全，防患于未然。

古代将一天分为十二个时辰，夜里的每两个小时为一更，打更是从出更开始后不断打到五更天。初更就是从晚上七点左右开始，一直打到五更天，也就是凌晨三点，更夫一天的工作才算是结束。更夫每次高喊的节奏和内容都不一样，使人们可以在听见打更声的时候直接知道此时是几点了。

据说晚上七点开始打的叫落更：节奏是一快一慢，连续三次，大概就是："咚——咚！咚——咚！"间隔一会儿再次循环。大家一听，就明白这时候是晚上戌时啦。

晚上九点，即亥时，更夫开打第二更，连打多次"咚咚咚咚咚"，提醒人们夜色已深，不要熬夜了。

第三更是从夜里十一点开打，即子时开始，一慢两快的节奏："咚——咚咚，咚——咚咚！"

第四更是从深夜一点开打，节奏变成一慢三快："咚——咚咚咚，咚——咚咚咚！"

第五更是从凌晨三点开打，即寅时开始，节奏变成一慢四快："咚——咚咚咚咚！"

现在一些古镇中还保留着打更的传统，每天晚上都有镇上的老者打着灯笼巡逻，这不失为一种文化习俗的"活化石"。也许你会好奇："五更天的时候，天还乌漆墨黑呢，怎么就不打更啦？为什么古代不打第六更了呢？"因为，这时候天空的东边开始泛白，老百姓都准备起床了，连皇帝都被太监催着得从被窝里钻出来，准备上朝啦。

更夫也要巡逻

古时候没电，黑灯瞎火的晚上，常常会给一些歹人留下可乘之机。于是，更夫的巡逻还起到了警察巡视的作用，他们此时代替捕快，担负起维护社会治安、预防违法犯罪的任务。在古代，有人在大街上犯了事，官府第一时间便会知晓，因为四处都有更夫巡逻，相当于一个个人肉报警器，作用堪比"110"。

另一种说法认为，更夫是当初人们为了驱鬼神而设立的，源自古老的巫术——打更以驱鬼！古代人迷信，他们认为晚上是鬼神出没的时候，于是便有了打更人驱鬼的说法。如果是替街坊邻里驱鬼保平安的话，那就说明更夫这个职业还是很受尊重的，毕竟只有受尊敬的巫师才能做到！

在影视作品里，更夫打更时通常都是一个人提着一个或明或暗、摇摇晃晃的纸灯笼。实际上，他们肯定不会一个人执勤，而是两人结伴而行，这样也更安全些。更夫这份工作其实是很辛苦的，不是扯着嗓子，随便喊几下就行。他们得一整晚不睡觉，还要盯着看，不论刮风、下雨，都得按时打更，绝不能擅自离岗、迟到早退！不然，可不是扣工资的事了，情节严重的还得吃牢饭呢！

更夫的上岗标准

虽说每个更夫就负责几条街巷，但由于关系到民生，这个岗位还是很重要的。更夫这个职位大体是由官府直接张榜招募，或是从一些低阶的士兵中选拔上任的。汉代开始，有的更夫是由县以下的乡绅直接雇用来保一方平安。这样一来，虽说他们不是国家公务员，但也类似于现在公益性事业编制的工作。更夫这项工作是有酬劳、有保障、受尊敬的"铁饭碗"，更夫身兼数职，虽然晚上辛苦了点，但白天的空余时间比较多，赚的收入养家糊口肯定是足够的。

古代的"铁饭碗"可不止更夫一种，我再说说"库丁"和"镖师"这两个大多数人可能不甚了解的古代职业吧。

"库丁"就是看管银库的小役，别看他们似乎没什么权力，只是看管仓库，混吃等死。但相传，清朝国库的库丁竟然真有赚钱方法！他们有一个绝密的方法，可以把国库的大银锭带出去，中饱私囊。你可能会好奇，他们进出国库不是要脱光衣服搜身嘛，明明被"360度无死角"地检查了一遍，库丁是怎么把银子运出去的？这便是"谷道藏银"的方法，其具体操作是用猪尿泡、羊肠子装库银，然后将之放入肛门中，偷偷地带出库房。这个方法虽然看起来简单，但要实际操作起来，还需要长期训练才行。第一步，在肛门周围涂上油润滑。第二步，在鸡蛋上抹油，用鸡蛋训练，等鸡蛋能不掉下来，就可以换鹅蛋。第三步，掌握技巧后，便拿碎银开始练习，刚开始练习夹一个，后面慢慢变成夹五六个，直到完全掌握技巧。经过训练，一个人能用这种方式私藏白银约三十分钟。这样即使要脱光衣服被搜身，他也能通过各种检查。库丁们通过这种方法将银子神不知鬼不觉地偷出去，一年偷出来几千甚至上万两也是有可能的。还有一些库丁是专门负责银库熔铸银子的，他们无权无地位，不受人待见，实际上却腰缠万贯！

明清以后，老百姓缴税时，上交的都是碎银子。这就得称量入库，先把收上来的碎银子重新回炉，熔铸成整锭官银。要将银子熔铸，纯度不同，技术有瓶颈，就一定会出现损耗，十两碎银熔铸出来可能就剩下九两多。好了，生财之道便来了。库丁在上报的时候把损耗报高一些，银子成色太差太碎，明明有九两多，硬说只有八两，剩下的可就归他们了。

"镖师"相当于快递和武装押运的结合。古代人要去哪儿雇用镖师呢？当然是镖局了！古代镖局的"走镖"跟现在物流公司运货的方式是非常像的。故而说，起源于明末时期的镖局可以称得上现代物流业的开山鼻祖！镖局旗下的业务大致分为信镖、银镖、物镖、票镖、粮镖、人身镖六大类。信镖，就是为朝廷押送各类往来信函的。票镖，就是为票号押送银子的。粮镖、物镖和人身镖，就是专为富人押送各类衣物首饰，以及保护其人身安全的。信镖、银镖、物镖、票镖和粮镖类似于现在的财险，人身镖类则似于现在的寿险。这么看来，说保险公司的雏形是镖局也不为过呀！

为什么古代的官印是方的，现代公章却是圆的？

　　我爷爷那辈人去单位领福利、工资，去邮局取电报纸等诸如此类的事，都得用刻了自己姓名的印章按下红印泥。轻轻哈气，手掌加点力气在表格上按上去，这就算是本人正式领取了。不过现在好像很少见到个人的印章了。

　　"印章"在古代又被称为"玺印"。据说，印章起源于商代，当时是在金铜玉石上雕刻文字，属于"金石"的一种。根据考古发现，直到战国时期，社会上开始普遍使用印章。最初是做生意的买卖人使用印章，他们脑子灵活，买货、进货、点货，为了留下凭证，又免去写字、识字的烦恼，便开始使用印章，即在一块坚硬的石头上刻上自己的名字"××之印"，然后在封泥上加以钤盖，作为凭证。渐渐地，大家都觉得这个方式好，印章便逐渐在民间推行开来，各行各业都用起了印章。《左传》中就详细介绍了春秋中后期印章的使用，还有官玺、私玺之分。

　　"官玺"是官吏身份、地位的凭证。如战国末期，大名鼎鼎的纵横家苏秦，凭三寸之舌，身挂六国官印，四处游说，吓得秦国十五年都不敢出函谷关！秦始皇统一天下后，他将我们都听过的赵国名相蔺相如夺回的和氏璧，雕成了一块玉玺，命丞相李斯用小篆在上面刻下"受命于天，既寿永昌"八个字，并永传后世，象征无上的皇权。之后，玉玺落到刘邦手中，演绎了一段传奇。到西汉末年时，外戚王莽篡位，向王太后索取玉玺，王太后愤怒至极，怒掷玉玺于地而"损其一角"。到了三国乱世时期，传国玉玺也就神秘失踪了。

嬴政即位之初，很注意仪式感，他对印章的名称进行了统一要求，严格规定只有天子家，也就是皇帝、皇后、太子、太后的印章从今以后称"玺"或"宝"。这个传统一直延续到最后一个封建王朝——清朝灭亡，在此之前百官和老百姓的印章只能称为"印"，不可僭越。值得一提的是，官印不管是古籍记载的，还是已经出土的，包括博物馆展出的皇帝、王爷们的玉玺、金玺、银玺都是方形的，跟如今咱们经常看到的官方的圆形印章截然不同。这是为什么呢？

*汉朝朝廷颁赐金印给窦人首领

[汉]汉归义窦邑侯金印，中国国家博物馆藏

*国内首次发现的汉代诸侯王玺

[汉]广陵玉玺金印，南京博物院藏

古代印章上的内容完全由文字组成，因此字形的形体美对印章布局之美起决定性作用。印章上的字体最常见的有大篆、小篆和汉篆。宋元以后隶书、楷书以及各种宋体书也出现在印章上。由于汉字本身结构的原因，所以无论采用何种字体入印，汉字整体形状都是方块状。为了体现对称之美，从秦朝到明清，皇帝、王侯、官署的正式印章也就都是方形的。就像人们的坐、立、行、走一样，要姿态端正。咱们的汉字讲究工整对称，这也就导致古代人觉得圆形的印章不美观。前面提到的秦始皇传国大玉玺，就是将环状的和氏璧雕琢成方形的。由于受中华文化影响，现在日本、韩国的国印——大日本国玺以及大韩民国国玺，还是在沿用正方形的印玺。

古代那么多印章都是方印，为什么现代却多是圆印呢？

你如果去过中国国家博物馆，就会看到一枚十分珍贵的馆藏——一九三一年的"中华苏维埃共和国中央执行委员会印"。这个印章的样式是由苏联传入中国的，属于典型的西方式印章。一九四九年，中华人民共和国成立之初，采用的还是方形印章。随着国际、国内形势的转变，一九五五年，我国颁发了有关国家机关印章的规定，官印自此便几乎完全由方形转变为圆形，并沿用至今。

❀ 古代人没有"五险一金"，能安度晚年吗？

一直以来，退休、养老都是全民关注的焦点问题。不光是中老年朋友关注，毕竟这与他们的切身利益息息相关，现在连年轻人都关注起来了，年轻人也想现在——立马——退休。这么想来，那古代人呢，他们有退休制度吗？他们有！《礼记·曲礼》中有记载："大夫七十而致事。"致事，通"致仕"，仕就是任职、做官的意思。"致仕"的本意就是把禄位送还国君，也就是"告老还乡"或"乞骸骨"的意思。那么"大夫七十而致事"的意思就是，假如你是有俸禄、有一定级别官职在身的官员，在七十岁的时候便可以向皇帝请求辞去官职退休，这也是中国退休制度的雏形。

不过，现在我们向往的"退休"这个词，要是穿越到唐之前说出来，人们可是听不懂的。据考证，"退休"一词最早出现在唐朝大文学家韩愈的《复志赋序》中——"退休于居，作《复志赋》"。从此，"退休"一词便传开了。

不是什么官员都能享受退休福利

在古代，"普天之下，莫非王土"，大家都是皇帝的子民，官员都是给皇帝打工的。官员要是想回家养老的话，得皇帝点头才行。但要注意的是，"退休"是有前提的，那就是"一定级别的官员"。先秦时期，国君之下有卿、大夫、士三级官员，起码从大夫起才涉及"退休"，之后历朝历代，起码是五品以上的官员，如太师、太傅、太保、殿阁大学士、巡抚、布政使司、布政使……才有资格因身体原因提出退休的申请。韩愈之所以能退休，吟诗作赋，安度晚年，是因为他曾官至吏部侍郎，退休前任京兆尹兼御史大夫，相当于全面掌握首都的行政和司法监察工作。

那中下级官员呢？他们怎么退休呢？他们要向皇帝打报告提出退休的申请，可以说是相当困难的。咱们可以想一想，他们一辈子几乎见不到皇帝。毕竟朝廷中有那么多官员，皇帝日理万机，还经常各地吃喝玩乐，哪里能都顾得上呢？所以，一般官员必须要活到老，干到老。

当然，"七十"的标准是浮动的。比如明清时期，朝廷考虑到人们平均寿命较短，"人生七十古来稀"，干脆就将退休年龄降了十岁，明文规定"文武官六十以上者，皆听致仕"，也算是沿袭历史传统吧，六十岁退休政策沿用了很久。

一般官员都不能退休，士农工商等行业的老百姓就更是如此了。他们哪怕到了七老八十，腰背都佝偻了，也要为养家糊口而奔波。

*白居易晚年退居香山，曾与刘真、张浑等人共同请宴游园

[明]周臣《香山九老图》，天津博物馆藏

但是普通人若是能靠勤劳的双手实现财富自由的话，想什么时候"躺平"，可以自己说了算，这跟咱们现代是一样的。

古代没有养老保险，人们怎么养老？

讲到这儿，有人可能会问："咱们有五险一金以及各种商业养老保险，古代有类似的社会保障吗？"答案其实很简单：各种"金"是没有的，但是养老是可以实现的。

古代养老大致分为两种。

一种是原本有一定级别官职在身的官员退休后，朝廷会为他们养老。他们可以按月领取原先俸禄的一部分，不过这种"退休金"在各朝各代是不一样的。以汉代为例，那时规定俸禄达到两千石以上的官员退休后，政府每月会发他们退休前俸禄的三分之一，大概有六百六十六石，类似退休金吧！

"石"是官俸的计量单位，汉代的一石约合现在的三十公斤。以前的俸禄一半发钱币，一半发实物，例如胡椒、粟米、稻谷等。

如果你是一般官员，即使年龄大了，也没法致仕（退休），只要你爬得起来，就得继续干，继续为皇帝打工，发光发热。但身体的"零部件"是会磨损的，人到了一定的年龄阶段，各种疾病就都来了，你要是有一天真爬不起来了，那该怎么办呢？其实，各朝各代也不是全然不近人情。明朝代对那些"老疾不能任事者"以及软弱无能的官吏，则随时勒令致仕，也就是说，哪怕皇帝没有恩准你退休，你因为个人原因，不能继续为国尽忠，朝廷也会"勒令"你——

光荣地离开工作岗位。那时朝廷会告诉你："赶紧搬出衙门，别再来了，该干吗干吗去吧！"这话听起来刺耳，但实际上这跟退休差不多，也算是一种人性化的政策吧。只是这样退休的官员的退休金，就没有正常"致仕"的官员们领得那么多。不过，你若是遇到生活困难，比如"无子嗣，孤独不能自存"，朝廷会很温馨地提供救助——"有司月给米二石，修（一说终）其身"。

另一种是普通老百姓的老年生活。对他们来说，没有官职俸禄，也就没有退休金。不过，我们也不用过于担心他们的老年生活。"老吾老以及人之老"，很多朝代都是以孝治天下，上至皇帝，下至百姓，都必须孝老爱亲，否则便会受到社会道德的谴责。早在汉宣帝时，政府就出台了我国历史上最早的"养老令"——《王杖诏令册》。

不光政府出钱、出力，那时全社会都要保障没有经济来源的老人生活下去。国家会赐予高龄老人一种把头似斑鸠鸟形状的杖藜，"鸠"者"久"也，取斑鸠长寿之意。西汉成帝时期曾颁布"王杖十简"，规定："高年授王杖，上有鸠，使百姓望见之，比于节；吏民有敢骂詈殴辱者，逆不道……"情节严重的还要被砍头呢！除了礼遇老人，官府还会发放实际的物资。"年七十以上杖王杖，比六百石"，七十岁以上的老人，可以领俸禄六百石，称作"无官之禄"，高于汉代一个小县令的月俸。此外，老人做买卖，可以不向官服纳。

到了明朝，政府抚恤孤老已经做得相当完备了，《大明律》中就责令各州县设立"养济院"收养孤老残疾的百姓。清朝时期，政府除了经常赐高寿者钱粮，还会赐老举人官职。康熙、乾隆还举办了"千叟宴"，践行尊老敬贤的理念。社会上形成了爱老、敬老的浓厚氛围，让无数老年人过上了幸福、美满的晚年生活。

盘点古代那些奇葩的官职

从古至今，有民就有官，有官就会有官名或者称号，历朝历代有无数大大小小的官。有一些奇葩的官职名让人一听就觉得奇怪，咱们来看看古代都有哪些奇葩的官职名。

第一个官职名是从约长。"从""约""长"这三个字，分开看的话，我们都认得，但它们合在一起的话，我们连字面意思都很难猜出来。这三个字虽然看起来平平无奇，实际上却是相当厉害的。根据《史记·苏秦列传》记载："于是六国从合而并力焉。苏秦为从约长，并相六国。"在《东周列国志》中，也有"于是六王合封苏秦为'从约长'，兼佩六国相印，金牌宝剑，总辖六国臣民"的记载。当时，苏秦提出合纵抗秦的计策，组建合纵联盟，为六国之相，兼佩六国相印，迫使秦国十五年内不敢出函谷关。"从约长"就是当时合纵联盟给他的专属官职，相当于现在的联合国秘书长，还有谁能比他强呢！

第二个官职名是太子洗马。其实，这个官职历史悠久，从秦汉时期起就有了，大概是个三品官，级别非常高！不过，这个官职名从字面上来看，会让人误以为伺候太子的人待遇好，连给太子洗马的人都能官居三品，要是给太子洗澡的人岂不是能做更大的官了！其实，一开始大家就把这个官职名给搞错了，原来这个官职名不是太子洗马而是太子先马，可能是后人笔误，写成了"洗马"。而且，太子洗马作为官职名，我们得读成太子洗（xiǎn）马（mǎ）。汉朝时期，太子洗马是专门给太子做侍从，或者在太子出行时当前导的！

第三个官职名是大将军。"大将军"听起来很霸气，这是西汉时期的武官官职名。大将军是最高级别的军事将领，位在古代最尊显的三公（司马、司徒、司空）之上。不管你是三公还是九卿（太常、光禄勋、卫尉、宗正、太仆、廷尉、大鸿胪、大司农、少府），见到大将军，统统都得向大将军跪拜行礼。最早，韩信被刘邦封为大将军，总理军事。韩信被干掉以后，后来的几任皇帝就没有常设这个官职了，只在打仗的时候临时封一个大将军，打完仗就撤销了。直至汉武帝时，卫青因为将彪悍的匈奴打得满地找牙，被封为大将军。

如果只看官职名的话，"大将军"这个名字还不是最霸气的，历史上还出现过"冲天大将军"和"宇宙大将军"两个"亮瞎双眼"的称号。

有人可能会问："'冲天大将军'是谁呢？"其实，"冲天大将军"就是写下"待到秋来九月八，我花开后百花杀。冲天香阵透长安，满城尽带黄金甲"的黄巢。有人可能会问："那超级无敌的'宇宙大将军'又是哪位神人呢？"其实，他就是把历史上有名的"菩萨皇帝"梁武帝萧衍活活饿死的侯景。

三国时期的曹操是个很有个性的枭雄，他对官职名的设置很有创造性。比如折冲校尉、折冲将军，专门盗墓的摸金校尉据汉末陈琳说是曹操发明的。曹操还发明了一个有趣的官职名叫"军祭酒"或者说"军中祭酒","祭酒"可不是祭祀酒神的意思,"祭酒"是古代主管国子监或太学的教育行政长官,相当于现在的大学校长。曹操帐下谋士如云,"军师祭酒"这一职务就是曹操给最喜欢的一位军师——郭嘉安排的!郭嘉,字奉孝,外号"鬼才",原为袁绍部下,后投奔曹操麾下,平吕布、定河北、灭乌桓,为曹操统一中原立下了汗马功劳。曹操逢人便夸,称赞他见识过人,有史书评价他是"才策谋略,世之奇士"。

在小说《三国演义》中,经常有人管曹操叫曹贼。其实,东汉时期有一个官职名叫"贼曹",是负责在郡县专门侦办盗贼的官,相当于现在的刑侦队队长。

唐朝时期,有个组织叫"不良人",根据《唐五代语言词典》,唐代官府会征用有恶迹者充任侦缉逮捕的小吏,称其为"不良",其统管者称为"不良帅"。

古代还有银牌天使、囷卿、专操大臣这些听起来很奇葩的官职名。

银牌天使听起来就很"中二"。其实,这是辽代正经八百的官职,指的是辽派遣到女真部落的使者,因其佩戴着象征辽皇室的银牌,所以被称为银牌天使。不过这些银牌天使可不是真正的天使,他们到了女真各部后,欺男霸女,为非作歹。

囷卿就是古代太仆寺卿的别称,主要掌管皇帝车马、牲畜之事。这个官职有点像孙悟空在天庭做的弼马温一职。

专操大臣就是专门负责操练军队的官,掌管军事演习、大阅兵之类的事情。不过,汉朝以前的阅兵并不叫阅兵,而是叫"蒐兵"。

　　五年一次的大型阅兵式被称为"大蒐"。到了汉朝，人们才渐渐把"蒐兵"改为"阅兵"，并在其中加入演习的成分，用来提高军队的战斗力、凝聚力，还能尽显国威。

民俗篇

古代人的婚丧嫁娶和神明

✿ 古代新娘结婚时为何要盖着红盖头?

"掀起你的盖头来,让我来看看你的脸……"歌词里的红盖头,指的就是新娘子结婚当天在头上盖着的一块红缎子,一般是由新郎官在当晚入洞房时亲自揭开。

从神话传说角度来说,红盖头的历史可以追溯到宇宙初开时。那时,天下只有伏羲、女娲兄妹二人。为了繁衍人类,他们商议后,想结为夫妻,但他们又害羞不已。于是,他们到山顶祷告:"上天若同意我兄妹二人结为夫妻,就让空中的几个云团聚合起来;若不让,就叫它们散开。"话音未落,天空中果真有几个云团慢慢聚合。于是,女娲便与伏羲成婚了。女娲为了遮盖自己的羞颜,便结草为扇,用其遮挡面部。但草毕竟不如丝绸轻柔,所以早期民间婚礼由执扇遮面渐渐变为用红盖头蒙头。

民间有一个流传很久的关于红盖头的故事。靖康之难后,康王赵构一路难逃,在被金兵追杀,走投无路时,得到一个在场上晒谷的姑娘帮助,姑娘将他藏在倒扣的箩筐里,救了他。为了报答救命之恩,康王送给姑娘一条红帕,并约定次年来迎娶姑娘,到时只要她将红帕盖在头上,他便可认出是她。第二年,赵构如约而至。谁知山野到处都是头顶盖着红帕的姑娘,赵构不知道哪

* 彩绘人首蛇身的伏羲与女娲，以手搭肩相依，蛇尾相交
[唐]《伏羲女娲像》，中国国家博物馆藏

个是真，哪个是假，一时间没了主意。原来，那个农家姑娘与康王邂逅后，思量再三，觉得嫁给君王不如做个村妇，至少生活得自由自在，可皇命难违，恐怕自己会性命不保，于是与小姐妹一起商量出这条妙计。后来，这个故事越传越广，姑娘们都觉得有趣，以至后来出嫁时都要备一条红帕盖头。不过这个故事听起来就像是茶余饭后的八卦故事，没有什么依据。

据考证，大约在南北朝时期，女子用盖头是为了挡风避寒，保护头部。这时的盖头只是用来遮盖头部的，它的作用类似于现在的头巾。自古以来，爱美之心，人皆有之，盖头也渐渐向美观的方向发展、变化，成了一种装饰物，受到越来越多的女子喜爱。

唐朝初期，盖头结合了胡服样式，演变成一种从头披到肩的帷帽，用以遮羞。还有一种样式是幂篱，就是戴着用皂纱（黑纱）制成类似斗笠的帽子，四周有宽檐，檐下有下垂的薄绢，长到肩颈，用来掩面。有的幂篱更长，能将整个身子罩在纱幕里面。说起来，有点像现在养蜂人为了防止在采蜜时被蜜蜂蜇穿的防护装备。有朋友说："穿越到唐朝初期，在大街上想欣赏唐朝丰满俊俏的女性之美。"这实在是妄想，因为街上大部分年轻女子都戴着帷帽，360度无死角，什么也看不到的。

随着唐朝越来越开放，帷帽四周的垂纱改短，也称"浅露"。唐朝开元、

*女子额头处描了花钿，《舞伎图》摄影图，动脉影摄

天宝年间，据说风流天子唐明皇突发奇想，将"浅露"的特色嫁接在"透额罗"上！"透额罗"是一种专门用于裹发的、类似纱巾的东西。元稹的"新妆巧样画双蛾，谩裹常州透额罗"就是在描写如此打扮的姑娘是有多么美丽！唐明皇令宫女用透额罗罩住秀发，在其上再盖一块薄纱，遮住面额。于是，这种很像红盖头样式的装饰物便流行开来，民间也是大力追捧，直接将唐朝女子的颜值变高了。你想看清楚对方长什么样，但对方用薄纱遮面，朦朦胧胧，让你看不清楚，你就会越觉得对方有一种神秘感，越看越觉得对方美。

盖头被用于婚礼据说是在东汉魏晋时期。这时战乱频发，人们为了简化结婚时各种复杂的礼节，便形成了一种特有的"拜时婚"，意思是非常时期行非常之事，舍弃掉烦琐的六礼，用纱布遮住新娘的面部，到新郎家匆匆完婚。后人把这个习俗传承了下来，使新娘盖红盖头成为一种习俗。

在古代，男女婚嫁需要"父母之命，媒妁之言"。男女在结婚之前，通常都是没有见过面的，只有在礼成之后的新婚之夜，新郎掀起新娘的盖头之时才算见面，也象征两个人开启新的生活。结婚时盖上红盖头，还能凸显女子朦胧、神秘的美感。所以，盖头被广泛采用也就不足为奇了。

至于盖头为什么会是红色的，其实，不管是古代还是现代，红色都是喜事里最常用的颜色，象征吉祥如意，也象征婚后的日子红红火火。人们将对未来美好生活的向往寄托在红色上。

❋ 古代人闹洞房三部曲——闹房、熏房和听房

关于民俗，从古至今大家最津津乐道的，莫过于洞房花烛夜了。但随着社会发展，以前的很多习俗都被简化了。今天就来说一说，我们的老祖宗是如何过洞房花烛夜的呢？

什么是洞房

为什么结婚时要闹洞房呢？其实，"洞房"这个词出现得很早，据说起源于原始社会的洞穴时代。根据对母系氏族公社村落的考古研究，发现那时的婚俗情况就是男女双方结婚后，男方搬到女方的家里生活。因为原始社会时期的房子就是山洞，而生活在一起的新房就是女方家里已经准备好的洞，于是就有了"洞房"一词。不过，"闹洞房"的说法是先秦时期才出现的。照理说，男婚女嫁这样的大喜事，婚礼应该尽可能办得热闹、喜庆。但与现在的新婚之喜形成鲜明对比的是，我国古代礼制及历朝婚姻的礼仪中，都有"婚礼不举乐"的规定，也就是说

禁止在婚礼上奏乐，婚礼现场十分淳朴，甚至有些严肃。孔子在《礼记·曾子问》中描述了古代婚礼的情景："嫁女之家，三夜不息烛，思相离也。取妇之家，三日不举乐，思嗣亲也。"意思是婚礼当天，女方家三晚不灭灯，男方家三天不奏乐，大家都沉浸在离家之苦、思亲人之恩的伤感中。这反映了先秦婚礼没有喧嚣纷闹、大操大办的场面，有的只是淳朴的风尚。明明"入洞房"是件高兴的事情，可当时的"大喜之日"却是死气沉沉的。后来，古代人的婚礼才逐渐热闹起来。新郎迎亲时，一路上会有人吹吹打打，燃放鞭炮，热热闹闹地让新娘进门。其他人为了图热闹，洞房也就闹起来了。

入洞房是有流程的

古代的闹洞房，跟现在新闻报道中某些地方的婚闹恶俗完全不同！古代人是将闹洞房作为新婚仪式中一道重要的程序来进行的。

坐福

新郎、新娘入洞房以后要坐帐，也称"坐福"，即新郎、新娘双双坐在洞房的床边，男向右，女向左，坐的时间越长越有福气。

撒帐

新郎、新娘坐帐时，还会进行撒帐的仪式。这项仪式是指亲朋好友把喜果等撒向新人，撒在床上，甚至撒在洞房内的每一个角落。撒帐的仪俗始于汉代，所撒的物品一般是枣、栗子、花生等，寓意早生贵子，新媳妇将男孩、女孩搭配着生。

同牢合卺

同牢合卺是一种象征性礼仪。"同牢"是指新人入洞房后，一起吃一牲牢（祭祀用的整羊整猪整牛）。新郎的脸要向东，新娘的脸要向西，新婚夫妇一起吃牲牢，表示从此成为一姓之人。"合卺"是指新婚夫妇一起喝酒。"卺"这个字比较难写，是指一个瓠分成的两个瓢。"同牢""合卺"在后世发展为吃团圆饭、喝交杯酒。

闹洞房三部曲

古代普通人家闹房的全过程主要包括三个部分——闹房、熏房和听房。

闹房是很有讲究的。但是，古代人闹房归闹房，绝对不恶俗。古代闹房是因为男女双方在结婚之前并不认识，所以亲朋好友在房中热闹一下，既能增加欢乐的氛围，又能消除新郎、新娘的羞涩，大家以开玩笑的方式，一边打趣新人一边祝福新人，这样既热闹又喜庆。闹房在夜里十二点会立马结束，绝不会折腾新人半宿。闹房一直延续到现在，虽然这种婚俗的演变一度变味，成为令人反感的"婚闹"，但随着社会和文明的发展，不文明的闹房现在也越来越少了。

紧接着就是熏房了。调皮的亲朋好友将事先准备好的辣椒、花椒、烟叶等呛味十足的东西点燃，从烟囱投下，盖住洞口，或者塞进坑洞，使洞房当中充满呛味，这也算是个小恶作剧吧。

最后是让人脸红的听房。那听房是什么呢？其实，听房就是一些同辈的男子或者嫂子、婶子等人，扒在新房外面的窗户或者门缝附近，静听屋里的动静。古代房子的隔音效果不大好，床一动就吱嘎吱嘎响，所以大家半夜不睡觉，费这么大劲就是为了偷听新人晚上说话的内容，第二天再把听到的内容传播出去。

这三部曲就是闹洞房的全过程，喜庆、热闹、可乐，而且很有生活气息。那古代人为什么要闹洞房呢？他们可不是为了折腾新郎、新娘，最初闹洞房的目的是驱邪避凶，图个吉利。

关于"闹洞房"有一个很有趣的传说。有一天，紫微星化作凡人来到人间，半路上碰到一个面带微笑的女子，这女子其实是个恶鬼，并且混进娶亲的队伍中了。紫微星一看这个女鬼要作恶，就跟着娶亲的队伍去了新郎家里。紫微星到了新郎家后发现，恶鬼已经藏在洞房里了。这时候，新郎、新娘即将入洞房了。紫微星便守着门，不让新郎、新娘进去，说洞房里藏着恶鬼。众人一看这个仙风道骨的老人家不像在说假话，就请他驱鬼。紫微星说："这个恶鬼并不可怕，我们人多力量大，只要我们热闹一些，闹洞房就行。"大家一听，齐声说好，于是新郎就按照紫微星所说，邀请宾客来到洞房，很快便赶走了恶鬼。这是关于闹洞房最早的一个传说了。现在有的地方闹洞房的习俗单纯就是为了整蛊新郎、新娘，我真希望这些不良风俗越来越少。

皇帝的"洞房花烛夜"究竟是什么样的?

"春宵一刻值千金,花有清香月有阴。"我在前面讲过古代百姓的婚礼仪式,那作为万民之主的皇帝的洞房花烛夜是否和寻常百姓的一样呢?真龙天子久在深宫,神秘感重重,但他们也是肉体凡胎,也得娶妻生子,让我们一起来看看古代皇帝的洞房花烛夜究竟是怎么样的吧!

礼仪超多的大婚

既然是皇帝,那他的婚礼一定是高规格的,能多奢华就多奢华。但这样远远不够,不计其数的细节、礼仪会把新郎、新娘折腾得晕头转向!不过,这是祖制,就算是皇帝也得遵守!

天刚刚亮,皇帝就得起床穿戴好沉重、华丽、绣有十二章纹的冕服上座,文武百官也都得穿戴好朝服,鱼贯而入,行礼。皇帝不可能像民间新郎一样骑着高头大马去迎亲,主副使会代替皇帝去宫外新娘家迎亲。明朝时期,主副使先叩拜皇帝四次,然后从奉天门出发，将皇帝祭拜天地、祖先后所写的制案和节案（相当于现在的正式聘书）放到迎娶皇后的金色凤辇中，然后褪去朝服，骑上马，后面的皇家鼓乐队便跟在后面吹吹打打，众人抬着彩礼，浩浩荡荡地出发，奔赴新娘家。到了新娘家门口，新娘全家都得跪着接旨。折腾一番后，新娘被请进轿子，然后穿越天安门和午门，一直到达后宫。身穿层层礼服的新娘头戴九龙四凤冠，要在奉天门制谕，又要进行盛大的奉迎大礼，焚香昭告天下，在奉先殿拜谒皇帝的家庙……好不容易走完一套流程，时间就到晚上了，该洞房花烛夜了！

＊光绪皇帝大婚时的景象
［清］庆宽《大婚典礼全图册》局部，故宫博物院藏

洞房的布置

古代皇帝可不是在自己的卧室里洞房，而是在举行仪式的地方择一个临时新房作为晚上洞房的地方，比如明朝皇帝的结婚仪式通常在坤宁宫举行。

跟民间一样，皇帝的洞房布置也要以大红色为主，就是用大"喜"字营造吉祥如意的氛围。床前会挂"百子帐"，床头会悬挂大红缎绣龙凤双喜的床幔，龙铺上会放"百子被"。"百子帐"和"百子被"就是绣了一百个神态各异的小孩子的帐子和被子。这些布置代表着帝王之家希望儿孙满堂、多子多福、江山社稷永远稳固的意思。

皇帝的洞房通常还会铺设地毯，设置多重屏障。龙凤大喜床的四周有布幔，将洞房的私密性考虑得相当周密。民间结婚会闹洞房，那皇帝结婚也会闹洞房吗？当然不会了！皇帝的洞房是绝对不能闹的，大家怕有损皇帝威严。

皇帝洞房的各种礼节

民间新郎、新娘入洞房后，晚上就可以直奔主题了。可皇帝不可以哟，他必须要把全套的仪式走完，才能与皇后共度良宵。

根据《新唐书·礼乐志第八》"皇帝纳皇后"的记载，皇帝入洞房后先要祭拜神灵，向天、地、祖宗表达敬意。婚后数天里

* 为了渲染喜庆吉祥的气氛，大婚期间，坤宁宫、养心殿、绥履殿、储秀宫等宫殿还会张挂双喜百子横披、挂屏等装饰

故宫百子帐摄影图

172

还要进行不同性质的祭拜活动，在新房的西窗下设有餐桌，桌前列有象征夫妻同席宴餐的豆、笾（古代祭祀和宴会时盛果脯的竹器）、簋（古代食器）篮、俎（古代祭祀、设宴时用以载牲的礼器）等，意思就是他们以后要吃一锅饭了。这一系列的祭拜活动要在行合卺礼前进行。皇帝和皇后要一起祭拜，每祭拜一次，他们就要吃一次饭，他们祭拜几次后能吃到很多东西。那肚子吃得饱饱的，小酒喝得脸红扑扑的，体力都补充得好好的，是不是就可以就进行下一步啦？不行！后面还有仪式。宫人要先引皇帝入东房，释冕服，御常服，再引皇后入围帐，然后脱去冕服，之后再引皇帝进入洞房，揭下皇后头上的盖巾。

皇帝与皇后同坐在龙凤喜床上，这时候还要玩几个有寓意的小游戏，调节一下气氛！宫人会端来饺子让二人吃，太监会问："生不生？"其实，饺子是故意煮得半生不熟的，这样皇后肯定会说"生"，一语双关！听到这句话，大家都会泯然一笑。

最后，把刚才说的那些食物再设于东方。皇后的下人吃皇帝那份，皇后的下人吃皇后那份，等下人们吃完了，皇后和皇帝才可以同睡到一张床上，共度春宵。

这里只是简单介绍了一下古代皇帝洞房，要是细说起来可就复杂了，咱们简单了解一下古代皇帝洞房的大概流程就好。

❀ 在古代，日子过不下去了，
想要离婚容易吗?

　　"离婚"并不是舶来词，这个词最早出现在唐代房玄龄编纂的《晋书·刑法志》中。也就是说，在晋朝的法律中，已经明确出现我们现在法律用语中的"离婚"这个词了。

　　那离婚始于何时呢？史上没有准确记载。但可以肯定的是，自人类开始结婚，组建家庭起，就有了"走出围城"的做法。

古代人离婚相对是自由的

　　在古代，有相当长的一段时间，婚姻结构还不太严密，离婚是很自由的。西周至春秋战国时期，夫权制家庭的基础并不稳固，"围城"想出就出，很自由，大家都认为"夫妇之道，有义则合，无义则离"。

　　根据《周易》记载，当年秦始皇巡游时有人向他反映妻子离家出走、男子入赘寄宿女家、死了丈夫的妻子抛弃孩子改嫁等社会现象。秦始皇非常重视这件事，他觉得家庭作为整个社会最基本的单位，如果不能用法律的形式加以规范，让家庭基础稳固下来，总是朝建夕分的话，会影响帝国的统治。于是，秦始皇命人刻石颁布法令昭告天下。他颁布的婚姻法令对后世产生了巨大影响，奠定了两千多年专制王朝的婚姻制度的基础。其中，明文规定解除婚姻须经官府登记认可，否则将构成"弃妻不书"罪，男女双方均要处罚。若"女子甲去夫亡"，离夫私逃后与他人"相夫妻"，被捕后，会被判处"黥舂"。黥，就是一种以刀刻凿人面（体），再用墨涂在刀伤创口上，使其永不褪色的刑罚。舂，就是当舂米的女奴。

所以，虽然"离婚"这个词到了晋代才有，但离婚这种现象则早已有之，而且离婚制度也是慢慢变得规范起来了！

在古代，还有别的词跟"离婚"意思一样。第一个词是"义绝"，是指夫妻任何一方对另一方及其亲属有殴打、虐待、伤害，甚至杀害等行为，就可以强制离婚。第二个词是"和离"，表达的是夫妻双方都同意离婚的意思。第三种是"休妻"（一说"出妻"），是指丈夫强行与妻子离婚。

虽然古代的离婚看起来比较人性化，还有和离一说，但实际上，规定只是"规定"而已。由于古代是男权社会，要求女性遵从三从四德，所以绝大多数情况下都是男子提出离婚，而女子是不被允许提出离婚的，只有少部分朝代允许女子提出离婚。

男子离婚的理由五花八门

总体来讲，古代女子的社会地位，远远没有今天的女子地位高。因此，古代男子提出的一些离婚理由也是五花八门。比如《汉书》中就记载了权臣霍光的女婿金赏闹离婚的理由："霍氏有事萌牙，上书去妻。上亦自哀之，独得不坐。"表明"金赏""去妻"的原因是岳父想谋反，其实他离婚的主要目是保全自己的官禄和生命，怕被岳父牵连。

汉代有个叫王吉的大官，他的离婚理由就更不一般了。王吉因为"妻取东家枣啖吉"而提出离婚，他的妻子因为摘了别人家一颗枣子就惨遭抛弃。

《后汉书》中还有两个人的离异理由也很奇葩。第一个是刘秀的大臣鲍永，他"事后母至孝，妻尝于母前叱狗，而永即去其妻。"他的妻子只因为在母亲面前呵斥了一条狗，就被鲍永抛弃。另一个是东汉大臣李充，他的妻子因为私下里对他说"妾有私财，愿思分异"而被他"呵斥出门"。这样的理由在我们看来，还真是难以接受呢！

《旧唐书》中有记载："崔颢者，登进士第，有俊才，无士行，好捕博饮酒。及游京师，娶妻择有貌者，稍不惬意，即去之，前后数四。"崔颢仅仅是因为自己"稍不惬意"便去妻，可见这个人的德行一般。

但千万不要以为男子在古代就可以随意终止婚姻关系，因为夫妻的离异不仅要受到法律的约束，还要受到家族礼法的约束以及情与理的审判。

离婚时勇于反抗的女子

前面提到的那些"妻子"似乎都太忍气吞声了，但不是古代所有女子都这样，接下来的故事里要讲的这个妻子就很厉害！

据《后汉书》记载，有个负心郎叫黄允，是东汉名士。当地司徒袁隗看过黄允的诗文后，觉得小伙子才华横溢，曾说："我要是能有像黄允这样的女婿，此生足矣。"黄允一听，心花怒放，回家就给妻子写了一纸休书。他的妻子叫夏侯氏，夏侯氏在多次恳求都被冷酷拒绝以后，便决定离要有尊严地离开。她心生妙计，一天她对婆婆说："你儿子一直对我很好，明天我就要离开黄家了，心里很舍不得，还是举行个离婚宴吧，我也好当着客人的面，好好倾诉离情。"婆婆也很同情儿媳，就做主答应了此事。举行离婚宴的那一天，街坊四邻、双方亲友来了很多人。夏侯氏当众把黄允平日干的那些见不得人的丑事都抖落了一遍，大骂黄允无情无义，她实在是忍无可忍，所以才要当着大家的面，休了这个负心郎！自此，这位大才子不仅名誉扫地，而且太守也觉得很丢脸，不将女儿嫁给他了。黄允真是竹篮打水一场空。

虽说像夏侯氏这样敢休丈夫的妻子简直是凤毛麟角，但她着实为古代女子出了一口恶气！封建社会男权为大，女子受到压迫，但也不绝对，比如唐朝，那就是一个男女地位比较平等的朝代。根据几份现在保存完好的唐朝人的"放妻书"（离婚证书）来看，唐朝男子在离婚证书中要表达的内容大致分成三段。第一段重述夫妻缘分，"累劫共修，今得缘会，如水如鱼，同欢终日"。第二段描写目前的状态，两人由于个性不合，经常冲突，大小不安，六亲相怨，实在无法继续下去了。第三段写离婚的祝福，既然无法同处，不如"一别两宽，各生欢喜"。男方还会女方送上离婚后的祝福："重梳婵鬓，美扫娥眉，巧逞窈窕之姿，选娉高官之主。"文字写得很有温度，祝愿也很美好。在离婚证书的末尾，有的人还会说明给女子赡养费。而且离婚证书要让双方父母、亲戚共同做证，类似于我们今天所说的"协议离婚"，尽量做到好聚好散。

宋朝的离婚制度

到了宋朝，许多人都以为这时是女子社会地位大幅下降的时代，宋明理学害死人，其实不然。根据学者的严谨考证，宋代女子的地位并没有我们想象中那么低。比如女性的财产权、离婚的权利、改嫁的权利，以及财产继承权与财产处分权，这些在宋朝的法律中都有明确规定。

宋朝有这样的风俗：两个家庭结成姻亲，在议婚、定亲的阶段，女方要给男方送"定帖"。所谓定帖，有点像现在的"婚前财产公证"，上面除了写明出嫁的是家中的第几个女儿，以及她的生辰年月日外，还要"具列房奁（嫁妆）"，首饰、珠翠、金银宝器和随嫁田土、山园等都要详细写出。

为什么要写得这么详细呢？因为，根据宋律，女性改嫁时，是有权利带走属于她的财产的。

一旦发生"房奁"纠纷，在闹上法庭时，妻子可以拿出定亲时写下的"定帖"作为主张财产权的证明，具有完全的法律效力。如果丈夫索要妻子的"房奁"，会被当时的风俗所鄙视。除了嫁妆，宋代女子离婚时，家里的资产按照规定应该是一人分一半的。在宋朝之后，女子反而丧失了这种划分财产的权利。

　　说到宋朝的离婚，就不得不提到宋朝女词人，婉约词派代表，有"千古第一才女"之称的李清照。她十八岁时与吏部侍郎赵挺之之子赵明诚结为连理。不料，战乱不断，北宋灭亡，赵明诚不幸死于湖州，一段将近三十年的美满姻缘就此画上了句号。李清照没有经济来源，居无定所，改嫁给一个叫张汝舟的人。张汝舟结婚的初衷，是看中了李清照携带的那些价值连城的字画、文物。原来赵明诚是一个著名的金石学家、文物收藏鉴赏家及古文字研究家，李清照受丈夫熏陶，也成了收藏大家，但她宁愿饿死，也不愿意变卖文物！结果张汝舟恼羞成怒，家暴李清照。于是，李清照决心和张汝舟离婚，并告发张汝舟有欺君之罪。判决结果当然是李清照胜诉，张汝舟被发配到柳州。李清照在这场离婚大战中，不仅成功胜出，而且保住了自己的全部财产。这正是得益于宋朝当时的法律条文中对女子财产权的保护。

　　平心而论，古代的离婚率远不如现代这么高，因为古代十分重视社会关系的稳定。社会上是不提倡离异的，也才有了那句老话"宁拆十座庙，不破一桩婚"，不到万不得已的时候，还是不要选择离婚这条路。但是如果两个人的感情真的已经不复存在了，生活在一起只有痛苦，那也只能好聚好散，各自重新开始了。

✿ 古代人早婚？为何宋朝的"剩男剩女"是史上最多的？

在我们的印象里，古代人都早婚早嫁。女子十五及笄，便可出嫁为他人之妻，男子十五六束发便已为人父，搁到今天是不可想象的，这个年纪也就才刚上高中。

别说寻常百姓，连皇帝都一样。如西汉文帝刘恒，十四岁就当爹；东汉灵帝，十四岁就结婚；北魏文成帝拓跋濬，十六岁结婚，但他早在十四岁时就做了父亲；西晋惠帝司马衷，十三岁就结婚；历史上最出名的当数清圣祖康熙，十一岁便娶了赫舍里氏。

究其原因，就是古代盛世太平日子少，大部分都是乱世，打打杀杀，人的寿命都长不了。再有，古代医学不发达，得了一点小病，可能就呜呼了，导致古代人英年早逝者居多。但那些小病，搁在今天，吃点药，做个小手术就能康复，比如不小心手指破了细菌感染，伤风感冒，等等。此外，古代没有像现在的专业妇产科，生娃全靠草木灰、剪刀和开水，生一个孩子就好比鬼门关走一趟；古代也没有疫苗，婴儿的夭折率极高……为了社会发展，为了有人耕田织布，为了人丁兴旺，古代人都早早成婚，多多生儿育女延续香火。

但这种早婚早嫁的现象也不绝对。有一个朝代，或者说某一段时期很另类，大龄青年男女很多都单着，就是不成家。这个朝代便是商品经济异常繁盛，武力却一塌糊涂的宋朝。

赵匡胤扫平五代十国建立大宋江山，按理说，国家久经战乱终于统一，人们可以休养生息，人口应该呈报复性增长。可是，北宋中晚期，很多年轻人突然都不结婚了，连司马光当时都说："男不过三十，女不过二十耳，过此则为失时矣。"男人到了三十岁未娶妻，女人到了二十岁未嫁人，就已经"剩下"了。

虽然现在来看男三十、女二十不算大龄，但对比以前的标准十三四岁，可不就属于"大龄"了吗？当时北宋边境战事频仍，国内也是危机四伏，作为朝中大臣的司马光这么说，反映了当时北宋社会大龄青年不婚的真实现状，也表达了他老人家深深的忧虑。

宋朝之所以出现跟其他朝代不同的情况，一是怪太祖赵匡胤和太宗赵光义，为了杜绝唐朝藩镇割据五代十国乱象，"重文抑武"达到了巅峰。丢失了隋唐的尚武精神，宋朝的皇帝也都奉行这样的政策，宋真宗赵恒还亲自写下《劝学诗》流传于世：

> 富家不用买良田，书中自有千钟粟。
> 安房不用架高梁，书中自有黄金屋。
> 娶妻莫恨无良媒，书中有女颜如玉。
> 出门莫恨无随从，书中车马多如簇。
> 男儿欲遂平生志，六经勤向窗前读。

万般皆下品，唯有读书高，文人地位过高，考中立马当官，宋朝高薪养廉，工资又特别高，为史上所罕见。

男子为了出人头地，光宗耀祖，走仕途，各个头悬梁、锥刺股，发奋读书，想着能一考定终身，朝为田舍郎，暮登天子堂。但古代科举考试比现代高考难得多。

宋朝是科举制度变化非常大的时期，也是这一制度趋于完备、成熟的时期。这时的科举制度包括贡举、武举、制举与词科、童子举等；贡举又分为进士、明经、诸科等科目。与前朝相比，其增加了殿试（由皇帝亲策），科目上多以进士为主，考试内容也逐渐侧重经义。

所以，你看崇文风气严重的宋朝，将科举考试推向了历史高峰，广大男子都去参加科举，淘汰率很高，能撑到最后一轮的，有所成就的，大部分年龄都老大不小了，不少都已经头发花白。但只要考中，就不愁娶媳妇，有达官显贵哭着喊着把宝贝女儿塞给他，给一大笔嫁妆。所以，宋朝科举中榜的很多人娶的老婆都小自己一二十岁，新郎和岳父差不多大的情况也时有发生。

那么你就明白了，不少寒门学子当然不愿意考试成功前就早早结婚，害怕琐碎的家庭生活会让他们丧失进取之心，而一旦金榜题名，便能光宗耀祖，所以广大有志男青年也就不在乎什么老辈所说的先成家，后立业。总之，宋朝剩男盛行，都是崇文风气加科举制度所致。在封建社会，男子不结婚，也拖累了女子结婚率！

❀ 墓碑上的"故""显""考""妣"到底是啥意思？

　　丧葬文化是咱们中国古典文化的一部分，里面有很多丰富的内容，墓碑就是其中之一。

　　墓碑，顾名思义，就是立在坟墓前面或后面的石碑。据考证，秦朝以前墓碑是木制的，汉朝以后改用石制，碑上多刻文字，以示纪念。当然，历史上也有无字碑，比如武则天乾陵的无字碑。在立碑的时候，墓碑上会有"故显考""故显妣""先考""先妣"这些词。这些词到底是什么意思呢？它们有什么区别呢？

　　要理解这些词，关键是理解"故、显、考、妣"四字，理解了这四个字，问题就迎刃而解了。

　　墓碑上的"故"字，一般表示去世的人是立碑人的长辈或者至亲。"显"是先的意思，是对去世之人的一种尊称。"考"和"妣"在成语中有"如丧考妣"的说法。这个成语出自《尚书·舜典》，鲁国人蒙丘向老师孟子请教舜做天子时，他的父亲面北朝见他，尧也率诸侯朝见他，这是否违背礼法。孟子说实际上，尧是在年老后才将帝位让给舜的，尧死时，老百姓如丧考妣，舜率百姓服丧三年，停止娱乐。如丧考妣的意思是就好像死了父母那样悲痛，形容非常伤心和着急，今多为贬义。

其实最早我们只是用"先"字表达对逝者的尊称，常见的先祖、先父、先哲、先烈、先贤等，都是敬辞。"先考"和"先妣"就是对逝去的父母的尊称。慢慢地演变为"显考""显妣"，当然前者还在一直用着。之所以会演变，主要还是为了宣传父母的德行。古代人讲究三不朽，分别是"太上立德，其次立功，其次立言"。然而在普通家庭中，很难谈得上为国家立功，或者创作出显世著作，所以大家只能在"德"字上做一做文章，以"显"字来赞美父母德行端正。

一般墓碑常见的"显父母""显考妣""先祖父母""显祖考妣"字样，都体现了我国已传承几千年的丧葬文化。我们虽然是现代人，但还是要真正地了解、学习和遵守老祖宗留下来的文化传统，千万不要弄错了，闹出笑话。

中国最早的食神是谁？

　　中国最早的食神名为伊尹，他是夏末商初人，因辅佐商朝有功，被后人尊为中国历史上最杰出的贤相之一。相传，商汤王求贤若渴，听说伊尹有才，就拿出很大的诚意来请伊尹，结果伊尹所在国家的国王留而不放。商汤又向这个国王求娶他的女儿，让伊尹作为陪嫁，伊尹这才来到商汤这里。为了一个有才华的能人，商汤竟然屈尊，甘做别人的女婿！

　　我想你可能要问了："这跟美食、烹饪似乎没有一毛钱关系！"稍等，马上就要说到重点了！

　　一代贤君商汤果然没有看错伊尹，伊尹见夏朝国君夏桀残暴至极，百姓生活在水深火热之中，就由烹饪而通治国之道，用"汤以至味"的道理劝说商汤王伐夏救民。商汤王见伊尹有雄才大略，精通治国之术，就任以国政。伊尹辅佐商汤南征北战，推翻了夏桀的统治，建立了商朝。换句话说，伊尹能成为历史上有名的贤臣，主要是得益于他会做饭，懂烹饪。直到现在，新加坡等地的烹饪界仍奉伊尹为"厨圣"。现在厨师都遵从的"五味调和说"与"火候论"，就是伊尹当年创立的。"五味调和说"与"火候论"投射到政治上，就是指君王推行政策一定要像烹饪一样掌握好火候，把握好"度"，要从社会发展的实际出发，与民休息。既不能火太大，政策太刚猛，把老百姓搞得焦头烂额；又不能火太小，食材煮不烂，让老百姓不买账，这样的政策没有执行率，只会是白忙一场。借烹饪之事而言治国之道，以宽治民，使得商汤廉政爱民，百姓安居乐业，开创了一个新时代！一个食神能通过烹饪这门艺术总结治国之道，成为一代贤臣，可见伊尹是真的有点才华！

春秋时期也出了个牛人——郑国公子宋。虽然他在政治建树上跟伊尹没法比，可是他有特异功能啊！你可能会问："他能有什么'特异功能'呢？"那就接着看吧。

只要感应到周围有美味佳肴，他的食指就会不听大脑指挥，随意乱动！有一天，他和公子子家一起上朝觐见郑灵公，刚走到大殿门口，公子宋的食指忽然一阵乱动。公子宋就跟子家说："你看，一会儿肯定有好吃的。"就在子家半信半疑时，只见内侍通知厨房："昨天楚国派人送来一只大鼋，大王下令煮来让各位大臣们一同品尝。"

两人一听，不禁笑了起来，正好被郑灵公看到了，郑灵公就问他们为什么笑得这么开心。子家赶紧向郑灵公讲了公子宋食指只要一乱动就有好吃的的事。郑灵公听完也笑了笑说："公子宋的食指灵不灵，他说了不算，我说了才算！"鼋羹熬好了，分到公子宋时刚好分完了，郑灵公哈哈大笑道："嘿嘿，这次你的食指不灵了吧！"没想到公子宋二话不说，走到郑灵公面前，把食指伸到鼎里，沾了一点汤放到嘴里尝一下，还说："谁说我的食指不灵了！怎么样，我照样吃到美食了！"然后他便拂袖而去。公子宋当着文武百官的面，胆大包天地用手指头蘸君王的汤，还出言不逊，这不是蔑视君王的权威吗？郑灵公当时气极了，便想把这个不知天高地厚的公子宋给杀了。

公子宋回家后冷静下来，他心想："完了，自己这不是作死吗？调戏君王肯定是死罪！该怎么办呢？"于是，他决定先下手为强，胁迫子家同他一起灭了郑灵王。当然，公子宋最后的下场也很惨。

有人为色起意，有人为财动杀机，有人为了一碗汤，竟然把国君杀了。公子宋绝对是吃货界的奇葩！因为他的事，我们的成语词典里还多了两个词，一个是"染指于鼎"，另一个便是"食指大动"。

床神到底是什么神?

　　从古至今，在跟我们日常生活息息相关的传统民俗中，会有很多护佑我们的神仙！譬如，咱们过年在大门上贴的门神。门神左右各一，分别是紫脸环眼暴目、虬须浓眉的尉迟恭，白面凤眼英目、长须剑眉的秦琼。

*颇有年味儿的门神贴画——门神贴画图

再如，负责管理各家烟火的灶王爷名气也挺大。如今民间供奉的灶王爷乃是灶君和夫人一对慈眉善目的老夫妻形象，但灶王爷可不只管烧火做饭，家里的大事小情他也是热心管理的，俨然是一家之主的样子！每到"小年"，灶王爷都要上天"述职"，汇报这家人的善行或者恶行，可谓是："上天言好事，下界保平安！"

另外，家家户户都有五谷轮回之所——厕所。主管茅厕的神明名为"厕神"，是在厕所看护大家的。相传，厕神是一位唐朝名为紫姑的女性。有的地方传说厕神也是集体轮换值班，名为"坑三姑娘"，乃是三仙岛上的云霄、琼霄、碧霄三位仙姑。熏闻臭气的她们有位得道的兄长，这位兄长便是如今人见人爱的"香饽饽"——财神爷赵公明。

你可能想不到，我们每个人都需要躺在上面睡觉的床，竟然也有床神！当我们睡着的时候，床神会守卫在我们身边。如果我们一天睡八小时，那睡眠就占了我们生命的三分之一！床对我们来说非常重要，有床神便在情理之中。关于床神具体是哪位本尊，有关的历史传说可不少。

姬昌

有说床神是周文王姬昌夫妇的。周文王活了九十多岁，《封神演义》中说他们夫妻生了九十九个儿子。有一次，姬昌行至燕山，突然雷雨交加，随行众人皆心惊胆战。姬昌懂八卦，他骑在马上浑身被淋湿，感叹道："雷过生光，将星出现！"结果他在一个古墓旁捡得一个哇哇大哭的婴儿。这个婴儿面若桃蕊，眼射光华。姬昌说："我该有百子，今止有九十九子，适才之数，该得此儿，正成百子之兆，真是美事。"这个婴儿便是后来助西岐伐纣的雷震子。哇，一百个儿子，古代人不就喜欢"多子多福""子孙满堂"嘛！故而人们将周文王夫妇拜为床神！二老一人手执蕉叶，一人手执荷花，取其谐音之意，也顺便保佑我们高枕无忧，梦想成真！

关于床神，民间还有其他说法。

传说唐朝时有位书生，名为郭华。他在赴科考的途中经过苏州。天热，他外出买扇子，和一位卖扇女一见钟情，二人缠绵过后，便私下结为夫妻。不料一日，郭华竟暴毙于床上。姑娘怕亲戚、邻居知道，便将尸体埋于床下。后来这位姑娘怀孕了，怀胎十月产子。为了告慰郭华，她经常在床上焚香祭拜。人们不解，就问她祭拜的是何神，她说拜的是床母，以保佑孩子无病无灾，快快长大。后来，这竟然成了当地的一种风俗！

床母

台湾有的地方仍保留着大陆传过去的老传统。他们认为从婴儿出生起一直到十五岁，在这段时间里，有一位保护儿童的床神。他们认为其信仰的床神是女性神，所以称床神为"床母"。如果孩子有胎记，那就是床神为了方便辨识而做的记号。床神的生日就在七夕，每到这一天，还没到十六岁的孩子们，从下午六点开始，要在自己住的房子里面供祭床神，烧床母衣，供鸡酒、油饭及鸡腿各一碗，花生一盘，茶、酒，以拜谢床神保护自己。

* 北京故宫养心殿后殿是皇帝的寝宫。其偏东的一间设有楠木雕花龙床，上悬"又日新"匾

北京故宫养心殿后殿摄影图

❀ 中国原来有这么多我们不知道的神仙

　　中国自古以来，传说中就有不少神仙，比如伏羲、女娲、盘古、元始天尊、太上老君、玉皇大帝、王母娘娘、四海龙王、阎罗判官等等，上天入地的神仙数量太多，数也数不清。除了这些耳熟能详的神仙，还有一些我们不太熟悉的小神仙，管钱、管运、管粮、管行、管生、管疫，总之管什么的都有。细扒他们的出身，也是一部生动的民俗史。

＊神话人物中的福、禄天官
［清］福禄门神图，沈阳故宫藏

行神

　　古代人如果出远门，不像现在乘坐汽车、飞机，他们中有钱人出行得靠骡子、牛、马，没钱的人就靠自己的两条腿，出一趟远门至少需要个把月的时间，距离远一点的，需要一两年的时间都是有可能的。那时道路也不如现在平坦，翻山越岭，前进速度缓慢，就算是走水路，也难免会遇到暴雨、大风等极端天气。再说，那时的治安也不如现在好，万一路上碰到劫匪……古代的医疗条件差，半道上生了重病，性命堪忧。因为意外太多，所以古代人收拾行囊踏出门槛前，一定要奉上瓜果，在路边点上香烛，烧点黄纸，毕恭毕敬地拜一拜行神。

* 骑马出行的古代人
陕西乾陵永泰公主墓壁画摄影图

　　"行神"到底是哪位，民间说法不一。《轩辕本纪》中认为是黄帝正妃嫘祖，她不仅是行神，还是蚕桑丝绸的伟大发明家，教民养蚕治丝，也被奉为"蚕神"。她巡行全国教民蚕桑，结果积劳成疾，逝于道上，被人们祀为"行神"，以保佑人们出行平安。

除了嫘祖，有些地方祭祀的行神为传说中水神共工之子犬修。共工脾气暴躁，怒触不周山，导致天崩地陷，惹得女娲娘娘炼五色石补天。跟老爸性格不同，犬修不喜欢打打杀杀，他喜欢亲近大自然，饱览大好河山。只要他想去，不管是赤日炎炎，还是冰天雪地，他都会乘舟、坐车或步行前往，历尽艰辛到达。他一生一直在走，直到他去世行程才结束。人们非常敬佩他，便尊犬修为"路神"，希望他可以保佑人们出行顺利。

只有陆路的行神还不够，也得有保佑人们海上出行安全的神仙。因为海上出行的风险更大，于是，"海上行神"东瓯女神、灵显侯也就出现了。东晋王嘉所做的《拾遗记》中的东瓯女神历史原型是一对美娇娘，据资料记载：周昭王时期，东瓯献二女，一名延娟，一名延娱。此二人辩口丽辞，巧善歌笑，步尘上无迹，行日中无影。后二女与昭王乘舟，同溺于汉水，死后二女化为神女。

除了行神，跟人们的日常生活息息相关的还有虫神、青蛙神、痘神、疹神、癞神、淋神、痧神、眼光娘娘、扫晴娘等其他小神仙。

虫神

有关"虫神"，大家可能听说得少。如果说蚕神是造福天下人的神仙，那虫神则主要是针对对古代农业耕作危害极大的蝗虫这一害虫而言的灭虫神。古代没有化学药剂，蝗虫乌泱泱地飞来，瞬间食尽禾田，古代人束手无策，只能祈祷虫神来驱逐蝗虫。据说，虫神的样貌像鹜鸟，再加人的造型，其头部和颈部都没有毛，人身双手，足为鸟爪，脑袋长得就跟雷震子似的，有鸟喙，坦胸露乳。他一手持宝剑，一手持葫芦，怒目圆睁，似乎要杀尽所有害虫。据《夷坚支志》记载，某地发生蝗灾，遮天蔽日，庄稼危殆，突然水鸟飞来，成千上万，所向无前，纷纷啄虫，不到几天，蝗无孑遗，岁以大熟，鹙鸟立下了汗马功劳，朝廷闻之，敕封鹙鸟为护国大将军，人们纷纷尊称其为"虫神"。

有的虫神完全是古代威武的大将军形象，比如南宋抗金名将刘锜。他率兵打败了金兀术的金兵，却遭到奸臣秦桧的打击，被排挤到地方做官，在任上适逢百年不遇的蝗灾，他千方百计灭蝗，取得了不错的成绩。刘锜去世后和岳飞一样，谥号"武穆"。到了宋理宗时，民间说他经常显灵："卧虎保岩疆，狂寇不教匹马还。驱蝗成稔岁，将军合号百虫来。"于是，宋理宗便封他为"扬威侯暨天曹猛将之神"。从此，每到农历正月十三日刘锜生日的时候，百姓都要举行迎神活动，肩抬刘锜将军像游街，称"待猛将"，期盼来年大丰收。

青蛙神

青蛙神，听起来就挺可笑的，但他可不是普通的青蛙。

从前，南方江汉一带把青蛙奉为神灵，供奉在庙里。据说青蛙神托神巫替他人预测吉凶时，会煞有其事地说："或犯神怒，家中辄有异兆；蛙游几榻，甚或攀缘滑壁，其状不一，此家当凶，人则大恐。"意思就是你得罪了青蛙神，就会有大凶之事发生。

你的屋子里会出现青蛙，而且是成百上千只青蛙出现在床上、墙上、桌子上，想要化解的话，就得杀猪、羊祈祷，"神喜则已"。曾有位陆县令不信邪，他觉得青蛙要是能当神仙，那他就是玉皇大帝了！他想捣毁青蛙神庙，结果当天夜里，县衙内便跳入了无数只青蛙，哪儿哪儿都是青蛙，实在是太吵了，让人办不了公，第二天他的两只眼睛就肿成了蛤蟆眼。陆县令没办法，只得去青蛙庙里谢罪，这个怪病才好。

那青蛙神具体管什么呢？青蛙喜欢阴冷和湿凉的环境，到了下雨的季节，空气中的湿度增加，它们就喜欢跑到陆地上面，所以，我们首先可以向青蛙神祈雨。如果赶上发洪水，也可以拜一拜他。当然，干这项工作的还有龙王爷、雨师赤松子、屏翳等。据《搜神记》记载，赤松子乃神农时雨师，能入火不焚，随风雨而上下，还教神农氏祛病延年的方法，常常去神仙居住的昆仑山，住在西王母的石头宫殿里。炎帝的小女儿追随他学习道法，也成了神仙中人，与他一起隐遁出世。总之，这是一位能随着风雨上下飞行的古老神仙。青蛙神竟然能和他平起平坐，可见也是有点厉害的。

青蛙神，除了求雨，还有一个寓意是其他雨师都没有的，那便是祈求子嗣。青蛙能生，又谐音娃娃的"娃"，还谐音女娲造人的"娲"，所以先民们还视青蛙神为吉兆，祈求多子多孙。

扫晴娘

既然有求雨的神，肯定也有雨水多，发洪水的情况。所以，按照劳动人民的需求，祈祷雨过天晴的神仙"扫晴娘"便诞生了。她的形象很独特，是一个手携一笤帚的妇人形象，人们常以红纸或绿纸剪成，陕西汉中一带叫"扫天婆"，为的是止断阴雨，以利晒粮、出行。"扫晴娘"在陕西、甘肃等黄河流域地区曾很流行，后来传到日本，"晴天娃娃"便源于"扫晴娘"。

痘神

痘神又是何方神圣呢？

这个痘可不是斗战胜佛的斗，而是青春痘的痘。"痘"也叫天花，是一种传染性极强的疾病，古代人谈痘色变。别说是老百姓得了容易死亡，就是皇家中招了也是顶不住的。据说，本来是轮不到康熙当皇帝的，就因为他得过天花，出过痘，有了免疫力，活过来了，这才成了接班人。

因为"出痘"给生命安全带来不少威胁，人们对它敬惧如神，于是有了一个"痘神"，又为护佑儿童的司命之神。《说岳全传》里有个岳家军大将余化龙，原为康郎山三大王，他善使枪，又善使金镖，战斗力很强。他为岳大帅之死打抱不平，饮恨自尽。人们为了纪念他，封他为对抗天花的"痘神"。

另一位痘神就是唐朝的张帅，他高中进士，为官清廉。武则天当皇帝后，喜欢养面首，她寻找民间美男入宫淫乐，导致民间怨声载道。张帅看不惯，便想出一招，以当地有痘病，没有俊美男子为由，断了武则天纳宠的念头。

祭神
一年農事週民無省安逸歌謡
迴往村共享昇平世五風君稔
生十雨蒼天満當年右稷神湖
奥後人酬
欽天監五官正焦秉貞画
鴻臚寺序班臣朱主雋

* 古代人正在祭神，祈求风调雨顺、
农业丰收
[清]焦秉贞《御制耕织图》（清
绘本）之一，美国盖蒂研究所藏

老百姓很感谢他，纷纷建庙祭拜。据说，这件事情被玉皇大帝知道了，便赐给他一个瘟锤和一身金盔金甲，敕令他掌管人间的痘病，防止痘病在民间泛滥。张帅弄假成真，还真成了剿灭瘟疫、保护一方的大帅，也被大家拜为"痘神"。

眼光娘娘

主管疾病的神还有很多，有一个眼光娘娘，她很特殊，也被人们称为"眼光圣母惠照明目元君""眼王奶奶""眼光圣母"等。听名字就知道，这是一位专职负责医治民众眼疾的女神仙。她的手托着一只大眼，象征明目、去眼疾。有近视眼的小伙伴们可得多拜拜这位眼王娘娘啦。

社会篇

你还在羡慕古代一夫多妻制？

✿ 你还在羡慕古代"一夫多妻制"?

我们在影视作品里能够看到,在古代一个男子可以娶好几个老婆,就以为古代是"一夫多妻制"。其实,大错特错,古代一直奉行的是"一夫一妻多妾制",只有"正房"才是真正的妻子,在家庭里的地位仅次于丈夫!"正房"只有一个,除了她,男子再娶的其他女人都是妾,妾并不是妻,也不能称呼她们为妻!妾在当时和丈夫之间是一种半夫妻、半主仆的关系!

妻妾的地位天壤之别

比如,历史上有很多大大小小的亲王,而他们妻子的地位绝对是高于郡王的。因为亲王的妻子可以分享丈夫的社会地位和财富。对内而言,她就是家里的女主人,地位仅次于丈夫,高于其他一切家庭成员。如果丈夫去世,正室在分配财产方面,有决定性的作用。男主人死后,继任的家庭男主人,无论是不是她亲生的儿子,都要遵孝道,要无条件地遵从她的意志。

妾与妻相比,地位就差太远了!我们先看"妾"这个字。从

＊女子在进行捶丸游戏

［明］杜堇《仕女图》局部，

上海博物馆藏

甲骨文的字形上看，其上部是个"辛"字的省写。既然是"辛苦"的"辛"，你说她们的地位能高得了吗？

《春秋》中说"女为人妾"。妾，不娉也。从奴隶制时代开始，一直到古代封建社会终结，人们脑海中根深蒂固的观念就是妻为良，妾为贱。妾不只是丈夫的奴仆，还是丈夫正妻的奴仆。相比妻来说，妾在外面什么权利都没有。对内，她的地位也很低，甚至比自己亲生儿子在整个家里的地位还要低一档。

古代小妾生的孩子都要管父亲的正妻叫母亲，管自己的亲生母亲反而叫姨娘，不能喊母亲。作为妾室，即便是生母，也不能称呼自己的亲生儿女为儿子、女儿，而是得称呼他们为少爷、小姐，这听起来就很不近人情。

当然，如果丈夫犯了"灭九族"的大罪，在治罪时，妾的处境可能会稍微好一点。"灭九族"的时候，丈夫的妻子连同妻子的父族、母族都要被满门抄斩。而妾就相对安全了，她因为不是正妻，所以只有她本人作为丈夫的家庭成员被杀掉，她的娘家人是不会受到牵连的。所以，细究起来也就这么一点好处。不过，这也不算好处吧，说白了还不是因为妾不是正妻。

妻妾所生子女的地位也大不同

最关键的是，妻妾所生的子女对家族遗产的继承权也大有不同。正妻生的儿子是嫡子，妾生的儿子为庶子。按照古代的律法，只有嫡子才有继承父亲财产和爵位的权利，庶子是没有继承权的，嫡子与庶子间也存在一定的主仆关系。其实，说来说去，这些都是封建糟粕，因为古代一定要把人的地位分得非常清楚。不过，在古代这是非常严肃、认真的事情，下至老百姓，上至皇家都得遵从它。

一妻多妾制度没你想的那么好

说到这儿，有的男青年肯定兴奋了，心中可能会想：管他是妻是妾呢，反正男的能娶一堆老婆，不像现在法律规定的"一夫一妻"，娶不到妻子就得打光棍，要是穿越到古代，好歹能捞到一个小妾。

首先，我得批评这种大男子主义思想，这种思想绝对要不得。其次，你就算穿越到古代，也不一定能够"脱单"。最后，就算你过上了有一堆老婆的生活，生活也未必销魂，说不定还会折寿呢。

古代大龄单身青年也很多。据统计，宋朝的剩男剩女数量就高得惊人，当时的"脱单"难度是相当大的。而且在古代结婚，是非常看重门第、彩礼、颜值的。男女不能自由恋爱，两个人想结婚的话，需要父母之命、媒妁之言。你们要是自由恋爱，被发现、抓住是会被告官，要坐牢的。我们耳熟能详的梁山伯与祝英台的悲剧故事就是个例子。你要是没有钱，穷得叮当响，是没有姑娘愿意嫁给你的，你一样要单身一辈子。你说你连正妻都娶不到，还想要"多妾"？这不是白日做梦嘛！

而且，古代人虽然可以一妻多妾，但是在大多数情况下，只有王孙贵族之类的有钱人才办得到，普通老百姓就别奢望此事了。《大明律》中有一条规定："民年四十以上无子者，方听娶妾。"也就是说，等你年纪在四十岁以上了，要是仍然没有孩子，才可以纳妾，这只是一个基本条件。如果将烦琐的纳妾手续证明一整套办下来，恐怕你会被折腾得够呛！退一步讲，如果在古代你确实有财力、体力、门第，走心又"走肾"，想多纳几个妾，你还得看你的正妻愿不愿意。比如房玄龄的妻子卢氏为了阻止丈夫纳妾而"河东狮吼"，毅然决然地喝下唐太宗送来的"鸩酒"。还有历史上有名的独孤皇后要与隋文帝"长相厮守"，将尉迟氏鞭笞至死……女人多了，事情也就多了，你觉得你有本事天天在这些女人中周旋吗？看看影视作品中的皇帝吧！别再想着一妻多妾了，少年，洗洗睡吧！

* 明朝最重要的基本法典，在朱元璋的亲自主持下，经多次修改而成
  ［明］《大明律》，中国国家博物馆藏

**朝廷不许你打光棍，
还要替你养孩子？**

在古代，人口就是第一生产力。几千年的历史长河里，盛世时期屈指可数，而且就算是盛世，也不过就是历史长河里的一小段时间。

也就是说，在古代的大部分时间里，老百姓过得并不好，小农经济比较落后，抵抗天灾的能力弱，受干旱、洪涝、蝗灾等影响，动不动就会粮食减产或者绝收，百姓就吃不上饭。古代和平的时期也很少，统治者开疆拓土、外族入侵、农民起义、诸侯反叛，打来打去，民不聊生。因此，也就有了句话——"兴，老百姓苦；亡，百姓苦。"当时的医学水平也不够发达，人们只是生个小病就"挂了"，再加上婴儿的夭折率高，古代人的平均寿命不长……这些因素导致了古代人口数量是很不稳定的。

但是总要有人耕田织布，有人当兵服劳役，有人纳捐交税，所以必须得让老百姓多生多育，抵消掉人口的损失，才能保证国家或政权的长治久安。所以，纵观历史，许多统治者都想着法地提倡早婚早育，避免青年大龄未婚，让他们尽可能多生孩子，这也是统治者工作中的重中之重。《列女传》中记载："太任之性，

＊
孩子们嬉戏于竹栏围绕
的庭院之中
［宋］《小庭婴戏图》，
台北故宫博物院藏

端一诚庄，惟德之行。及其任娠，目不视恶色，耳不听淫声，口不出敖言，能以胎教。溲于豕牢，而生文王。文王生而明圣，太任教之，以一而识百。君子谓太任为能胎教。"古代人说的"胎教"是指在孕妇妊娠期间，为有利于胎儿在母体内生长发育，要对母亲的精神、饮食、生活起居等采取有利的措施，使母子的身心都能得到健康发展。

你可能都想象不到，在相当原始的奴隶制王朝西周，周王为让妇人们安心十月怀胎操碎了心。若是当时贵族的妻子怀孕，其家里有一定的经济条件，自然有仆人伺候着。周王还特别规定：女子怀胎七月，就得搬进专门的屋子，要有人给孕妇奏雅乐。为什么要"奏雅乐"呢？其实，这就是音乐胎教。也就是说，中国三千多年前就有胎教了。"禀贤妣之胎教"，周朝之所以统治天下近八百年，可能跟统治者从怀孕期就重视人们的素质教育有关。

那若是普通人家的女子，没那种好的条件该怎么办呢？周王昭告天下：只要女子是在妊娠期间，身体若是不舒服，可以去就近的医馆看病，孕妇看病免费。而且周王统辖内的方圆几百公里的王畿还会执行胎检政策，由政府出钱，定期派大夫去孕妇家里查看胎儿的情况，有点像现在的公费医疗政策。

在西周中前期，孕妇的待遇更好。那时各个诸侯按时缴纳贡赋，周王比较有钱。只要生育三个孩子的家庭，政府就直接分一个乳母帮你照顾婴孩，分文不收。天子如此，上行下效，诸侯们也都根据财力情况，制定对孕妇的优待政策。如齐国因地理优势，有盐有铁，最为富庶。所以齐侯下令：给全国孕妇送粮、送肉、送补药，"三送"暖人心，在这样的政策鼓励下，百姓也愿意多生几个孩子。因为周天子规定生三个孩子就派送一位乳母，所以齐侯在此基础上再"加码"，不光派送乳母，如果生五个孩子，直接派送免费保姆，减轻大家的养育负担。因为这些政策，齐国"内无怨女，外无旷夫"，人丁兴旺，国力蒸蒸日上。后来，周王室衰微，春秋战国时代开启，战争不断，动不动就是几万至十几万的军队对抗，死伤惨重。战争太残酷了，一打仗，一个国家就损失了大部分的青壮年。比如历史上著名的长平之战，坑杀了赵国几十万大军，这么大规模的人口就这样没了。

战后休养生息，各国也是推出各种政策。越王勾践，深知其中厉害，特别制定了"十年生聚，十年教训"的国策，想方设法地想把越国人口尽可能增加到最多。他还颁布了一个鼓励生育的政策："令壮者无娶老妇，令老者无娶壮妻。女子十七不嫁，其父母有罪；丈夫二十不娶，其父母有罪。"这一招有点厉害，相当于他强行命令越国的男女早结婚。如果女子超过十七岁不嫁人，男子超过二十岁不娶妻，他们的父母就要被治罪。这项政策颁布后，越国人谁敢不结婚啊，不结婚就得吃牢饭，会被罚得倾家荡产。不过有罚也有奖，为鼓励生育，勾践也是"豁出去了"，他规定：生一个男孩，国家奖励两壶酒、一条狗；生一个女孩，可以得到两壶酒、一头猪。生两个的，安排月嫂入户伺候，生三个及以上者，月嫂加乳母一齐登门。政策多管齐下，效果显著，很快越国的人口数量就上来了。勾践不仅带领越国灭吴，还成了"春秋五霸"之一。

之后，有不少国家如法炮制。法家的商鞅在管理秦国时，就学习了勾践的狠招，规定农户中有两个儿子及以上者，若成年后不娶妻生子，征收数倍的户口税，等于逼迫百姓早点自立门户，早点生孩子。代秦而立的刘邦延续秦制，规定："民产子，复勿事二岁。"也就是说百姓只要生了男孩，两年内就不用服兵役、上缴赋税。唐朝的规定就更有人情味了。唐太宗亲自颁布《令有司劝勉庶人婚聘及时诏》，劝百姓们结婚，还规定女孩要是嫁人了，不仅娘家给嫁妆，朝廷还会分给她三十亩良田，待嫁闺中的女孩可没有这个待遇。这就极大地刺激了女子出嫁的意愿，这样夫家也就同样受益了。

我觉得最厉害的政策，是有些朝代会出台替百姓养孩子的政策。因为遇到不好的年景，粮食歉收，百姓就没有饭吃，大人没吃的，孩子也就没吃的。如果没有政府接济，孩子就会被活活饿死。于是，政府建立了官方的福利机构，相当于现在的弃婴收养所，让孩子能健康成长。像富裕的宋朝，当时人口众多，北宋人口近一亿，南宋人口也将近一亿，但两宋都不缺钱，所以政府虽然没有给生养孩子的补贴，但是直接出粮、出钱帮你养孩子。

当时会先给贫困人口分个等级，七等以下属于低保人口。百姓只要生了娃，就能直接去政府领钱四千钱，这在当时真不算少了。后来，南宋又将货币调整为粮食补贴，领钱四千改为领米一斛，还免除一定时限的徭役。现在国家也会鼓励我们生"二孩""三孩"。原来，早在古代，我国就有相关的制度和政策啦。

❀ 古代的"籍贯"和现今有什么区别?

　　说起"籍贯",我们首先会想到"户口本"。我们上户口时要填各种表格,其实就是国家在统计户籍所需要的信息。说起来,中国的户籍制度早在周朝的时候就成熟了,《周礼》中就记载了这么一种官职,专门掌管登记人口数目、居住地、性别,以及每年出生和死亡的人口等内容,并将其整理成册,上呈给掌管司法活动的司寇,再由司寇上呈周王。

　　我们现在的户籍信息上分出生地和籍贯,这有什么区别吗?拿我自己举例吧。我是"80"后,我上小学时,籍贯填写的是我爷爷以及爷爷祖上的长久居住地,可以理解为是祖籍地。在五六十年代,为了支援大西北,全国各地的青年,拖家带口,来到祖国的边疆开发建设,在那里付出了青春和热血。后来,我爷爷参加抗美援朝,我们又到了另一个西北边陲之地。所以,我的出生地虽然是西北某地,但籍贯上写的依旧是我爷爷和我爸爸的出生地。再后来,时代发展,户籍地也不一定是祖籍地,籍贯这一栏很多人也就填成出生地了。

　　这时有人可能会说:"大家既然已经对籍贯很熟悉了,为何还要再讲这个内容呢?"因为对于文化传统就是要知其然,也要知其所以然。你有没有想过，现代人的籍贯和古代人的籍贯到底有什么不同？其实，细细研究后你会发现这其实挺有意思的。

如果在古代登记户籍信息，让你填写出生地是哪儿，这里只会让你填写"贯"这一栏，而不会让你在"籍"或者"籍贯"后面填写。因为，古代的籍贯是分开的。"籍"，原本指的是家庭单位，后经过户役制度的推行，分为户籍和役籍，代表家族的社会等级和祖辈从事的行业。"贯"，即原居住地。所以，"贯"才是填写出生地的位置。

唐朝的白居易有一首很有名的诗《新丰折臂翁》，通过一位新丰折臂老人的自述，谴责唐玄宗对南诏国进行的不义战争。其中一段是：

新丰老翁八十八，头鬓眉须皆似雪。

玄孙扶向店前行，左臂凭肩右臂折。

问翁臂折来几年，兼问致折何因缘。

翁云贯属新丰县，生逢圣代无征战。

这一段的意思是说，新丰县有一个八十八岁的老人，他的头发、胡子、眉毛全都像雪一样白。他的右臂已经断了，只能将左臂搭在他玄孙的肩上，由他玄孙扶着向店铺前走来。我问他右臂折断有多久了，是因何折断的。他说："我的籍贯在新丰县，我出生于太平盛世，没有遭遇过战争。"

这首诗中又说：

皆云前后征蛮者，千万人行无一回。

是时翁年二十四，兵部牒中有名字。

夜深不敢使人知，偷将大石捶折臂。

张弓簸旗俱不堪，从兹始免征云南。

这位老人说："人们都说前后几次远征云南的人有千千万，却没有一个能活着回来！我那年二十四岁，名字也在兵部征兵的名册之中。我不想上战场打仗，却也不敢让人知道。趁着夜深的时候，我偷偷地用一块大石头砸断了自己的右臂。于是，我因为既不能拉弓，也不能摇旗，得以避免远征云南。"

这里的"贯"，指的就是原籍、出生地，古代人口的流动性很差，基本上出生地周围方圆百里就是一个人会住一辈子的地方。首要原因是因为古代人缺乏交通工具，再则是因为古代人讲究安土重迁，不喜欢迁徙。另外，官府对人口流动会有限制。在古代，人们出门旅行，要准备的手续非常多，这些手续要证明你姓甚名谁、家住何处、何时去、何时归……逾期不归的人还会有很麻烦的事，没准备手续就出远门的人会更麻烦。所以祖籍基本上就是当时人们的出生地，跟我们现在填写的籍贯差不多。

户籍与役籍

我在前面说了，古代的籍贯是分开填写的。"贯"是指出生地，那"籍"是怎么划分为户籍和役籍的呢？

有史料记载，万历五年（1577 年），有一名名为李植的读书人前往参加科举考试，开考之前需要汇报个人的籍贯。李植上报的籍贯如下："李植，贯山西大同府大同县，民籍。"

籍在一般情况下指的是役籍，意思是一个人包括他的家庭成员所承担的徭役种类，可以理解为从事的不同职业。役籍通常可以划分为民、军、商、匠、儒、医、盐、乐等。力役就是其中的一种。古代修造了那么多超级工程，如长城、大运河、皇帝陵寝等，劳动力是从哪儿来的呢？当时，解决用工难的主要办法是靠力役。

当然，政府也会统计出一个大数据，根据你所从事的行业，尽量精准地让你发挥个人所长，去服不同的役。官府会把人们分门别类，编入一份册籍，各个行业有各自的册籍。按照这种"籍"来征徭役，比如，军户是需要服军役的，而盐户需要通过为朝廷煮盐来服役，还有绫织户、工匠户等役籍。随着朝代的变更，具体的分类有所区别，但大体上是围绕着士、农、工、商四大类的。

在一些影视作品里，我们常会听到"贱籍"这个词。这是怎么回事呢？其实，封建社会的等级森严，人分三六九等，高低贵贱各有不同，户籍是人们身份识别的有形载体，通常分为贵籍、良籍、奴籍等。贵籍就是社会的顶端阶层，这类人非富即贵；良籍是指普通人家，这类人说不上富贵，但起码温饱自足；奴籍就是家丁、奴仆一类人群，他们归贵族人家私有，没有人身自由。这种户籍一般都是世代传承的，但也可通过一些特殊途径进行更改，比如嫁娶。"贱籍"是社会最底层的人员，他们从事的行业大多是抛头露面的那种，比如娼妓、戏子等，一旦贱籍性质被确立，也是要世代延承的，很难翻身。

所以，古代婚娶讲究门当户对，一旦入错了籍，不仅对本人有影响，对后代也会造成重大影响。如今，我们的户口本里面仍然会保留籍贯一项，但现在是平等社会，我们之间早已没有等级隔阂。

❀ 古代的"快递"和"物流"到底有多快？

"快递到了,能帮我取下吗？""快递放小区的××商店里了,记得取。"……每天都会"买买买"的你,肯定离不开快递。现在购物多方便呀,在线上挑选物品,下单,付完款,紧接着就可以在购物软件上看到物流的实时动态：什么时候发货了,快递到哪儿了,预计哪天能送到……配送距离近一点的,快递可以当日达；配送距离远一点的,差不多四五天也能收到。给我的感觉就

是现在配送快递的速度越来越快，社会进步，人们的生活越来越便利。

我在前面讲宋朝外卖的内容的时候，简单提了一点古代的快递服务。在这一章中，我再详细展开讲一讲。古代人虽然在物质生活上，确实不如我们现在吃喝玩乐的花样多，但基本的生活服务，他们还是有的。比如快递物流。对，你没有听错，古代人也有强大的快递物流网络。

快递最早是用来替统治者收集信息的

传说在三皇五帝时，尧设谏鼓谤木，广开言路，听取各方意见。但他觉得进言的群众不够多，便决定在全国修造一条"通衢大道"，专门挑选各地善于骑马之人，广收民意后，通过这条大道迅速上

* 古代人在携带货物时，有人选择自己肩挑，有人选择用牛和驴拉的货车运输

［清］杨大章《仿宋院本〈金陵图〉》局部，台北故宫博物院藏

报给他，从而获取天下的信息，并将对应的政策及时下达。

　　马肯定没现代的汽车快。马车的速度一般是一小时前行十几到二十公里，一天的行驶距离在一百至二百公里。在路况很好的情况下，马车还能前行得更快。虽说马车那时没有用于商业用途，但那便是快递物流业的原始雏形。那时还没有驿站制度，马车运输范围还是很有限的。相传，夏朝时，有一个诸侯国名为商，其王王亥为了运输各种货物，发明了牛车。他拉着牛车装货物，到外地与人交易，开创了商业贸易的先河。你别看牛慢悠悠的，要是真提起速度来，牛车最快速度大概能达到每小时四十公里。不过，由于路途颠簸，牛车的车轮还是木头做的，整体速度就会很慢。但在那个时候，牛车就算是最快、最先进等传递消息、运送货物的快递方式了。

*　陕西省延安市甘泉县境内的秦直道两侧绿意盎然

秦直道（甘泉段）遗址摄影图

古代快递小哥

不过，在古代大部分的时候还得靠人长途跋涉，运送少量货物或信件。据说，有考古学家在距今三千多年前的甲骨文中，发现上面记载了在商王武丁时，有一个快递小哥徒步二十多日，走了近六百公里路，最后牺牲在物流岗位上等事。算下来，他平均每天走三十多公里路。可见，在运输工具不"给力"的时代，从业者真是拿命在拼。

后来有了马车，快递的速度大大提高。周朝时，又开始在主要城市以及边塞重地的道路中间设置"庐宿"，类似现在的快递物流中转站。这里会给马、牛备好草料，备好可替换的畜力，也会备好新脚力，专门设"遗人"一职做这项工作。这也是后来驿站制度的雏形，让古代快递小哥可以将物品或消息送到更远的地方。

秦驰道为快递物流提速

秦始皇统一天下后，古代快递物流业再次迎来巨大的提速时期。秦始皇在公元前220年，诏令倾全国之力，修筑以都城咸阳为中心，沟通全国各地的路网——驰道，相当于现代的高速公路。秦驰道"道广五十步，三丈而树"，道路两旁夯筑厚实。路中间是专供皇帝出巡车行的部分，路两边栽植松树，有点像现在的隔音绿化带，既美观又能让住在四周的百姓的耳根子清净，理念很先进。秦驰道对于陆路交通的发展、经济文化的交流，具有十分重大的意义。

秦驰道不仅可以快速地运送兵和军粮，也可以保证公文、书信快速送达国内各地，还可以运输全国各种琳琅满目的商品物资。比如，西北的秦民可以吃到山东沿海的海鲜，齐鲁民众也能喝上三秦酿造的高粱酒。再加上秦朝有先进、完备的驿站制度作为保障，快递物流一日最快可到达几百公里外的地方。

秦代"快递员"

后来，汉武帝刘彻遣张骞出使西域，没想到竟顺带着开辟出国际快递物流。伴随着需要骑兵对战匈奴，马鞍、马镫也出现了。到了北魏时期，马鞍被大量装备于军事作战中。这对于

* 邮差手持凭信，快马加鞭地前行
［汉］《驿使图》砖画，甘肃省博物馆藏

快递员来说是非常重要的进步。骑手便不用再像以前为了重心稳固，双腿紧紧地夹在马身体两侧，大幅提高了骑手的速度、舒适度和安全性。

当时还引进了西域的汗血宝马。骑着汗血宝马，快马加鞭，一天跑三四百里完全没问题。据史料记载：汉昭帝刘弗陵没有子嗣，他去世后，大将军霍光力排众议，找来远在封地的昌邑王刘贺到长安登基称帝。刘贺接到消息后，连午饭都没吃，立马从封地昌邑出发，下午四五点便赶到定陶，他赶了一百三十五里路，侍从人员的马一匹接一匹地死在路上。另有史料记载：从西部重镇金城郡骑快马至都城长安，大概两千八百多里的路程，仅需一周便可到达。这在当时真的很厉害了。

从事快递业务的小哥被骄傲地称为"急脚子"或"快行子"。大部分快递员的收入高，很受人尊敬。有诗云："客从远方来，遗我双鲤鱼。呼儿烹鲤鱼，中有尺素书。"这里的"客"可不是客人，它指的是替百姓捎带信件、物资的可亲可敬的快递员们。

开拓水路交通网

到了隋唐时期，国力强盛，便开始"逢山开路遇水架桥"，修造更为密集的水陆交通网。在比较繁华的地区，大约相距三十里，就会设一个驿站，全国驿站数量高达一千六百多个，星罗棋布，从事快递物流的有两万多人。正因如此，才保障了离都城长安两千里之远的、易腐败的"奢侈品"荔枝的供应。

李隆基一道御旨，新鲜荔枝采摘下来，经子午道，快马加鞭，飞驰递运，流星般骑到下一驿站，接力交给下一个快递员，实现了"一骑红尘妃子笑，无人知是荔枝来"，让杨贵妃三日内吃上新鲜香甜的荔枝。

到了宋朝，官府专门设置了急脚递，每隔十里或十五里或二十五里设一铺，铺兵过铺都必须换马，一昼夜可行四百里路，快的可以走五百多里路。"传送边（关）上机宜切要文字"，直抵都城汴梁。别看这四百里路好像跟前朝差不多，但因其涉及军事，铺兵要保证百分之百安全送达消息，便会"闻者皆避道"，类似现在的限行、让行。若是用作民用，那急脚递的速度绝对是古代快递物流速度的"天花板"。

元朝时期，其疆域太大了，各个汗国皆以忽必烈的大元为尊，大元内部自是不必说。随着战事需要，为了运输粮食和军队，中国与世界各处的物流快递也无比繁盛。古代驿站在这个时期的配送区域达到历史顶峰。马可·波罗曾怀着无比崇拜的心情在游记中写道："每隔四十或五十公里之间，都设有驿站，筑有旅馆，接待过往商旅住宿……这些建筑物宏伟壮丽，有陈设华丽的房间，挂着绸缎的窗帘和门帘，供给达官贵人使用。"

有趣的是，这时不光有常见的马、牛、骡子用于运输，在冰天雪地的东北，元朝竟然设养了三千驿狗，快递员驾着狗拉的雪橇运送物资，真是太厉害了！

明朝时期，其领土范围远不及前朝，但明朝也是每六十里设置一驿站，全国上下设立了近两千个高密度驿站。古代快递物流运输细分为日行三百里、四百里、五百里、六百里的服务。但是到了明朝末年，崇祯忽然来了一场快递员"大裁员"，其中西北的四万驿卒中有位叫李自成的快递员也失业了。不过，这个人竟然推翻了"老板"的统治。历史的经验告诉我们，千万别惹快递小哥哟。

*古代交通方式并不单一，水路、陆路均有
[明]仇英《清明上河图》局部，台北故宫博物院藏

✿ 没有飞机、卫星，
古代人如何绘制地图？

现在科技发达，无论是开车还是旅行，我们只要打开地图软件，就可以随时随地精准导航。打开地图软件，我们可以看到我国幅员辽阔，地形复杂，地表高低悬殊，山川大河、平原盆地，什么地形都有。借助卫星、飞机等高科技遥感设备，我们可以很清楚地将我国领土的轮廓、山河走向等信息绘制下来，供我们参考。我们还可以将其用于资源勘测、开发，指导农作物种植，提高产量等生产活动中。

但是在古代，我们的祖先在不会高空飞行、没有高科技设备的帮助下，是如何绘制地图的呢？

1986 年，在甘肃天水北道区（已更名为麦积区）的党川乡一号秦墓考古中，发现了一套世所罕见的秦国地图。这套地图共七种，绘制在四块木板的正反两面，被统称为放马滩秦墓地图。这套地图也是目前所知的世界上最早的木板地图，保存之完好实属罕见。地图上不仅有山川、河流、居民点、城市，还特别标注各地之间的相距里程，与现今城市距离大致相符，部分地区还标识了树木的分布情况和地名。这张地图将地形地貌展示得很丰富，是一张非常准确的实测图。

虽说关于秦汉以前的地理学在绘制地图方面是否有战国末期那么严格的标准，没有明确史料记载，但我们可以通过放马滩秦墓地图窥见一斑。在只靠人力、畜力，探索设备原始简陋的时代，我国古代人越过千沟万壑，跨过地表绘制地图，这么精准的技术绝对处于世界领先水平！

我国关于地图的记载和传说可以追溯到 4000 年前。《左传》中就记载了夏代做《九鼎图》。《周礼·天官冢宰·司书》中记载了周朝还有"掌……邦中之版，土地之图"的司书一职。尤为称道的是神秘的千古奇书《山海经》，相传其是伯益所作，是伯益助大禹治水时的山川人物地理著作。全书记载了约一百个邦国，五百五十座山，三百条水道，绘制了如今我们看起来非常隐晦的图画！很多人认为此书全为古代人脑洞大开的杜撰，所画的地图没有参考意义。但随着勘探技术的发展，地理学的进步，人们竟然发现书中记载的很多地方跟现在的地形地貌有一定的相似度。因此，有学者认为《山海经》是中国的第一部地理志！

我国第一张真正意义上的全国地图，是距今一千九百多年的东汉时期的《汉书·地理志》中记载的秦地图。秦地图，顾名思义，乃是秦始皇灭六国，统一九州后，依据疆域内地形所绘制的真正意义上的"中国地图"。观看此图，会有一种"八方称雄，天下为尊"的感觉。

那么问题来了，古代人既然没有现代的高科技，他们是怎么做到如此精准地绘制地图的呢？《史记·夏本纪》曾经提到过，夏朝用准、绳、规、矩四种测量工具。西汉时，人们已经会使用勾股弦原理和三角形的测绘工具来丈量广袤的帝国。但这还远远不够。古时地图被称为"舆图"。"舆"在古语中指代车辆、车厢等，形象地说，古代绘图师是在车厢上绘制地图的，这种绘图车厢被称为"记里鼓车"，其发明于先秦，完善于西汉，主要功能是记录马车行走的里程，同时具有指南车指示方向的功能。《西京杂记》中记载："汉朝舆驾祠甘泉汾阴，备千乘万骑，太仆执辔，大将军陪乘，名为大驾。司马车驾四，中道。辟恶车驾四，中道。记道车驾四，中道。"《古今注》中有对记里车的记载："车上有二层，皆有木人焉。行一里下层击鼓，行十里上层击钟。"车上有两个木人，还装有司南。古代人用齿轮组合将木头人的手和马车的车轮组合在一起，这样保证每次车行驶一里，木人就会打鼓，每行驶十里，木人就会敲钟。古代人用这样的原始工具记录疆域外围轮廓及数据，绘制到纸上。

古代人用很多这样的车在全国各地奔跑，以此记录数据。测出的数据还要再绘制到纸上，他们将图纸平均分成相等的小方格，给方格设定尺数，用这个比例尺展开绘图。这跟现代绘制地图的方法就很相似了。

当然，受限于当时的技术，肯定是有误差的，而且操作流程还非常烦琐！到了西晋初期，有一位天才名为裴秀，他将古代人绘制精确地图的伟大事业推向了新高度！

裴秀在总结前人制图经验的基础上，创造性地提出了"制图六体"——分率、准望、道里、高下、方邪、迂直。"分率"就是今天的比例尺，"准望"就是确定地貌、地物彼此间的相互方位关系，"道里"用以确定两地之间道路的距离，"高下"即将

* 一种通过机械原理制造，能够始
终指向一个方位的车辆
复原的指南车摄影图

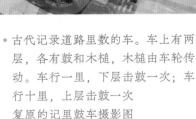

* 古代记录道路里数的车。车上有两
层，各有鼓和木槌，木槌由车轮传
动。车行一里，下层击鼓一次；车
行十里，上层击鼓一次
复原的记里鼓车摄影图

倾斜距离改正为水平距离，"方邪"即将勾股距改正为斜距，"迁直"即将曲线路程改正为直线距离。用这六种参数就可以绘制出三维立体的地图。"制图六体"是中国古代最早的制图理论。

这听上去不是很好理解，但这一技术对中国西晋以后的地图制作的技术产生了深远的影响。"制图六体"彻底解决了地图比例尺、方位及距离的问题，直到今日都是地图绘制不可或缺的元素。裴秀创作的《禹贡地域图》也是我国历史上最早的地图集。

✿ 高考考上"985""211"的人，在古代科举中处于什么水平？

科举制是从隋文帝杨坚开始的，一到清末才废止，前后延续了一千两百多年，这是中国古代延续时间最长的选拔人才的制度。不过，科举制度发展到明朝时期才算是最完善、成熟的。

从人数上来说，明朝以前，科举考试录取的名额非常少。直

科	殿 试	进 士 前三名 状元 榜眼 探花
举	会 试	贡 士
取	乡 试	举 人
士	童 试	秀 才

* 到了明朝，科举考试发展到一个全新的高度，形成了一个层次、等级、条规、名目繁多且十分苛严的体系

* 唐玄宗在殿前亲自出
题考试，问新选的县
令治民之策

[清]《彩绘帝鉴图说》
之「召试县令」，法
国国家图书馆藏

到"泥腿子"朱元璋当上皇帝，这种情况才大为改观！洪武三年（1370年），朱元璋一拍脑袋，破天荒地实行了人才扩招计划，让那些挤破头想做官的学子们有了盼头，这才造就了明朝文官势力的基础。不过，即便扩招了明朝科举考试的录取率也是非常低的。前几年，大学录取率都超过70%。经统计，明朝时最高只有不到10%的考生能成为进士，这还不是全国所有考生加起来的10%，是参加进士考试人数的10%。

以明朝为例。普通学子想要晋级成为万众瞩目的进士，要先参加最为初级的考试，包括县试、府试和院试三个阶段的考试。通过了考试的人，便可称为"童生"。每年举行童生"入学"考试，录取后即为"生员"，统称为"秀才"。秀才比一般人已经好多了，算脱离了平民阶层，在当时也会有一点特权，算是知识分子，可以免除一人的徭役，见到县长大人也可以不下跪。

在那时，成为秀才就已经很不容易了，但这只是"万里长征"的第一步，秀才按成绩再分成六等，不是所有的秀才都能往上晋级的，只有达到一等、二等分数线的秀才才有资格参加下一轮残酷的选拔考试——乡试。这时，已经刷掉了所有参加童生考试人数的90%。据考证，明朝鼎盛时期，一年参加童生考试的人数是四十万，参加考试后成为秀才的最多有三万，在这三万秀才中还会再刷掉一大批。另外，乡试不是每年都有，而是每三年举行一次。

在乡试中，如果考了第一名，就会被称为解元。通过乡试的学子会被称为举人。举人肯定比秀才厉害，是有做官资格的。当然这里说的是"有资格"，能不能成功进入仕途还得看个人的造化。这时举人的比例也是极少的，其录取率只有3%左右，全国只有一千多人。根据史料可知，晚清时期的举人会多一些，数量能达到四五千人。通常举行乡试的次年二月，举人还要参加由京师礼部主持的会试，考中后才能成为贡士。明朝时，全国的贡士只有二三百人，贡士往上参加殿试，才有机会成为进士。前面也提到了当时进士的录取率只有 10%。可想而知，当时能成为进士的概率简直是低之又低，在我们看来，参加这种考试真是让人触目惊心。科举考试的终极之战是殿试，皇帝会亲自主持考试，大约只能剩下二十个人。

根据我查到的资料，近年来咱们全国高考报名人数有九百多万，如果录取率是 70%，那么现代的考生和古代的考生一对比，从录取率来说就已经很幸福了。都说现代高考是"千军万马过独木桥"，这跟古代的科举考试比起来，简直是小巫见大巫。古代的科举考试好比鲤鱼跃龙门，万一一不小心考中了三甲，那真的是祖坟冒青烟了。

再做一个非常有趣的对比。如果以现在全国"211"大学招生录取比为 4% 计算的话，全国有九百多万考生，那大概有四十万人会被录取。每年还有"985"院校招生录取，比例大概在 1.5%，那么录取人数大约是十三万人。北大、清华在全国招生的录取率约在 0.08%，那录取人数大约为七千人。这个数据跟古代科举考试一对比，我们可以粗略地得出一个仅供娱乐的结论：现在考入"211"大学的考生，超过了古代的秀才；考入"985"大学的考生，在明代大概相当于举人；考入清华、北大的学霸们，在明朝就算是贡士了，他们是有资格参加殿试的。

古代的科举考试看起来很严苛，但是告诉各位，要做到公正公平其实也不容易，这种考试弊端很大。比如唐代的大诗人孟浩然、明代的唐伯虎，还有著名的医学家李时珍等，在当时混得都不是很如意，别看他们为后世留下了很多旷世杰作，但他们当年可都是落榜生。所以说，落榜的考生们也不要气馁哟，要相信"天生我材必有用"！

*金榜是殿试后揭晓的榜单
　金榜摄影图

古代科举考试都有哪些复习资料？

我在前面讲了古代科举考试的残酷，录取率比现在高考低太多了。大家不由得为古代考生捏了一把汗。那么，新的问题来了，古代参加科举考试都会考哪些科目呢？会像现在一样，有类似"5年高考3年模拟"这样的复习资料吗？

古代科举考试的内容比我们现在高考的内容要少，高考分不同省份地区，主要科目有语文、数学、英语、文综（政治、历史和地理）或理综（物理、化学和生物）。我们平时的复习准备也是围绕着"5年高考3年模拟"这些复习资料，不停刷题！

不同朝代的科举考试，涉及的考试科目也不一样，大体上可以分为三类：经史、诗词和时务。这听起来似乎难度不大。经史，就是以"帖经""墨义"等官方规定的教科书为基础，学子要背诵得滚瓜烂熟，最好是一个字都不能错！"帖经"是需要完全死记硬背的，这类考试相当于做大量的填空题，唐代曾流行一时。"墨义"就是对先贤的文章进行转译，用自己的话说出来。

唐初，唐太宗令颜师古撰写了一本《五经定本》，是一部考订《周易》《尚书》《诗经》《礼记》《春秋》五经文字的书，

* 古籍摄影图

后颁行全国，成为官定的统一课本。后来，唐朝科举考试内容又演变成"九经"，即《周易》《尚书》《诗经》《左传》《礼记》《周礼》《仪礼》《公羊传》《穀梁传》。

南宋以后又逐步拓展为更没有人性的十三部儒家经典。不过古代的这些必学科目，不完全等同于我们现在所理解的语文课本。据较为精确的统计，读书人需要背诵的部分指定教科书，《论语》有一万多字，《周易》有两万多字，《尚书》有两万多字，《周礼》将近五万字，《礼记》大概有十万字，《左传》是近二十万字，等等。光是列出的这几部必考书籍，便有四十多万字。考生每天摇头晃脑地诵读还不行，还要抄、背、默，不光得死记硬背，还要花心思去领悟。

考经史的时候，主考官会任取一页，用纸将要填写的部分贴住，少则留三五个字，多则留个十几二十几个字，要求应试者将其所遮挡的内容默写出来。一般会出十道题，应试的学子答对四五道题才算及格。什么叫答对呢？就是一字不差！很多人实在背不下来，有的考生就动了歪脑筋，搞了一本便于剽窃的时文集——《决科机要》，用来临时抱佛脚，或者在考试的时候用来当小抄。

考诗词，乃是考写诗、作赋、写杂文，与如今高考语文最后一道的命题大作文类似，但古代的难度更大！不仅要严格切题，还要注意其格律、声韵，不能天马行空，想怎么写就怎么写！古代的参考书比较多，可以多背多看以前名家的诗词佳句或者致世名言，唐诗宋词也可以参考。一方面是你得有才学，另一方面是你得有悟性！毕竟写作文，除了言之有物，还要有卓越的才华。

　　所谓实务，说白了就是考策论！要针对国家大事、民生实事，提出你自己的观点和看法。高考考得不多，一般会在政治题里遇到一些，现在考公务员的时候会经常遇到这种题。古代人考实务，要做到针砭时弊，一是你的脑子里得有思想，二是你得有心怀天下的觉悟，三是你得运气好！古时候没网络，发生了什么国家大事，各省有什么新的政策，你不一定都能及时知道，所以有的实务题，会真的答不上来。那怎么办呢？古代人不会坐以待毙，据说曾经在考生中流传有《策括》一书，将经史及实务的考试范围编成简洁的材料手册，成为当时学子们刷题的宝典，书中还会押皇帝会出什么题。

　　如此高难度，可见古代参加考试的考生们都被虐得死去活来。不管用什么复习资料，在考试的时候都要凭借真才实学。人生没有捷径可走，古今皆如此。

* 《四库全书》被称为中华传统文化中最丰富、完备的集成之作

《四库全书》摄影图

❀ 在古代，去衙门告状为什么要先击鼓？

　　冤枉就是无辜的人被诬告为有罪，无过错的人受到指责。在古代，被冤枉的人要怎么"喊冤"呢？古代可没有我们现在的劳动仲裁部门或上访部门。如果有不平之事想沉冤得雪，想要讨回公道的话，就只有去衙门喊冤了。

　　喊冤的方法有很多，最常见的便是击堂鼓，也就是"击鼓鸣冤"。说起这个鼓，它出现的历史很早，在三皇五帝时就有了。譬如在《淮南子·主术训》中就有描述"故尧置敢谏之鼓，舜立诽谤之木"的

※ 淮安府署是全国仅存的两座古代府署之一
淮安府署摄影图

内容，也就是说，那时就已经设置了鼓，让老百姓击鼓进谏。后来，舜命令人在马路上设立了一根大木头，让老百姓把意见都刻在上面。"敢谏之鼓"后来就演变成了衙门前的"堂鼓"和设置于宫门外的"登闻鼓"。

"登闻鼓"全国只设置一个，是给老百姓告御状用的。但实际上，这个登闻鼓的作用就得打个问号了，官府怎么会让你去告御状呢？登闻鼓后来慢慢就变成了一种摆设、一种象征。

堂鼓就是在官衙大门边摆着的一面大鼓，怀有冤屈的人或是已经蒙冤被关押之人的家属，可以在门口击鼓的方式，向衙门控诉他有天大的冤情，由相应的官员做好记录后上报。但你可能不知道"击鼓鸣冤"是要付出代价的——凡是击鼓鸣冤的人，都得先挨一顿打，这也叫"杀威棒"。我们不禁会好奇：为什么"击鼓鸣冤"还要挨打呢？

因为古代官员数量很少，不像我们现在政府部门结构完整，当时一个县就只有一个衙门，要处理治安、管民生，大事小情都得衙门管着！他们的政务非常繁忙，人力还不够用，那怎么办呢？这就逼着衙门的官员自己想办法，把一些越级的、胡搅蛮缠的案件推掉，于是就有了这种但凡有人申冤就要先打"杀威棒"的惯例。如果愿意挨这一顿打，那就说明前来申冤的人确实是有冤情的，不会胡乱攀咬。

你可能会觉得这个规定不合理，但你千万别被影视作品误导了！虽然"堂鼓"是普通老百姓可以敲的，但前提是你要有万分紧急的事情或者有很大的冤情才能去敲。譬如，清朝就明确规定"必关军国大务，大贪大恶，奇冤异惨"，否则不得击鼓，违者重罪。上诉程序从基层到各衙门仍不得申冤者，方许擂鼓。也就是说老百

* 尧帝担心自己闭目塞听，特地在门外放了一面鼓、一片木，让天下人可以畅所欲言

[清]《彩绘帝鉴图说》之「谏鼓谤木」，法国国家图书馆藏

姓前去擂鼓，必须有足够的理由说明事关重大，毕竟这时县官即使不坐堂，也得放下手中的事务出来接待诉讼人。但如果只是为了一点鸡毛蒜皮的小事就击鼓，那杀威棒就会打得你要脱几层皮。

其实古代老百姓就算有冤，也不一定非得击鼓！你可能会说："那万一真有冤屈怎么呢？鼓不让敲，难道要逼着百姓拦官爷的马车诉冤情不成？"

这可万万使不得！据史料，清咸丰时期，皇帝从西陵回京，有妇女拦驾呈诉。因为兵丁拦阻引发冲突，后来此事为首的张伊氏，被以"犯殴差哄堂"罪发配边疆驻防地为奴了。

不让随便敲鼓，又不让拦驾喊冤，这可怎么办呢？这就得说到敲堂鼓的其他两个作用了！

第一个作用是为了召集衙门的工作人员。古代没有微信、喇叭，小吏们平时各忙各的事，堂鼓敲起来后，就是告诉大家"集合了，县太爷有事情要宣布了，大家都赶快集合"。

第二个作用就是告诉老百姓县太爷回衙门了。县太爷的工作也很忙，有很多公务要处理，还要外出开会、学习，哪能天天都坐在衙门里给老百姓断案呢？所以当听到堂鼓敲响的时候，就是告诉老百姓，要是有要告状、打官司的人可以去衙门办啦！而且，去告状也不用你自己去敲鼓，你只要拿着状纸去就好了。县令在什么时候坐堂也是有时间规定的，老百姓只要在县令上班的时候去申冤就可以了，没必要动不动就去敲鼓。

❋ 古代车夫也要"考驾照"？

古代骑马和赶马车的速度都不低，而且古代车夫跟现代的司机一样不能超速、超载，否则可不是罚款的事，情节严重的，车夫还要被当街扒掉裤子打屁股呢！很意外吧，你以为只有现代人开车要考驾照吗，殊不知古代骑马和赶车的人也都是要"考驾照"的，没有驾照往往是不允许上路的。

孔子教他的学生们礼、乐、射、御、书、数。其中，"御"就是驾驭马车。可见，孔子也是个"老司机"呢。古代人驾驭马车可没那么容易，要不然孔子也不会费这么大力气专门去教授。

驾车是古代贵族男子的技能之一，驾车的人被称为"御人"。据考证，古代驾驭马车的司机是要经过专门的培训之后才能持证上岗的。跟现在开什么类型的车给什么驾照差不多，我猜，大概是给骑马的人发 C1 驾驶证，给骑驴、骡子的人发 C2 驾驶证，能驾驭大马车就相当于现在能开卡车，直接给他发 A1 驾驶证！

古代考驾照的科目

古代考驾照跟现代考驾照一样，是分科目的。春秋时期，用"五御（驭）"作为考核驾车技术的标准，即"鸣和鸾、逐水曲、过君表、舞交衢、逐禽左"。

第一条是鸣和鸾。马车上挂有两个铃铛，若铃铛发出的声音有节奏，则说明御人能够平稳地驾驶车辆。毕竟马车是木头做的，要小心翻车散架。如果铃铛发出的声音节奏混乱，则说明御人不合格。

第二条是逐水曲。相当于现在的"S"弯考核。

第三条是过君表。要求御人安全驾驭马车通过放置障碍物的门。考验的是御人的估算能力、预判能力与准确驾驶。

第四条是舞交衢。要求御人不抢车道，类似于现在的路考。

最后一条是逐禽左。在考场中放只鸡或者鸭等，让御者将其赶至车马的左侧，考查御人驾车辅助射杀的能力，从而训练御人作为战士的后备力量。

这个考验真的很难，这是为战争时驾驭战车服务的。以秦朝为

* 古代人骑在奔驰的马背上，张弓反身急射
《骑射图》砖画摄影图

例，当时全民皆兵，驾驭马车几乎是当时成年男子的必备技能。根据秦朝的法律文书记载，如果御人考驾照，考了4次都不过关，会马上被判服徭役几年，还要交很多的罚金。没想到吧，那时候考不过驾照竟然要吃牢饭！

古代的交通规则

考完驾照，车夫就可以上路了。我想你会问："那古代有交通规则吗？"当然有！我国是最早有交通规则概念的国家之一，历朝历代的法律中大都有详细的交通规则。

早在战国时期，我们就实行人车分流。据《考工记》记载："匠人营国，方九里，旁三门"。"三门"就是王城外的三个门，男子靠右行，女子靠左行，车辆从中间的门行驶。这是我国交通史上有关人车分流最早的记载，充分体现了古代人的安全意识。

控制速度是交通安全法规的重要内容之一，因此古代交通法规对超速行为也是非常重视的。唐朝经济繁荣，人口众多，马路上行人与车都很多。《唐律》规定：任何人不能无故在街道中快速驾车，违反者要接受荆条鞭打的处罚，造成人员伤亡还要交罚款。不过这一律令中也包含着人文关怀。如果事出有因，有公文传递、朝政急事、求医等正当理由则可得到原谅。

古代没有红绿灯，所以唐朝还颁布了关于行车礼让的制度——《仪制令》。其中规定了礼让顺序，要求"凡行路巷街，贱避贵，少避老，轻避重，去避来。"据《新唐书·马周传》记载："城门入由左，出由右"，对左行、右行都有明确的规定。宋太宗年间，大理寺正曾上书要求将这个"四避诀"公布给众人，将其专门刻在木板或石碑上，立于道路两旁，规范交通。

古代的社会等级也体现在交通规则上

虽然古代有类似现在的交通规则，可那毕竟是封建社会，是有着万恶的等级制度的。古代社会很讲究尊卑，贵族和老百姓不一样，士农工商各不一样。在使用交通工具上，根据社会地位不同，交通工具也会有所不同。比如上面提到的唐朝版交通规则，人人要严格遵守：年纪小的行人要为年纪大的老者让路，负担轻的人要为负担重的人让路。这看上去非常有温度，但其实规则的第一条是"贱避贵"，这会让人很不爽！

你们知道吗，在古代，不是所有人都可以骑马、乘车、坐轿子的。"贱避贵"意味着另一部分人不仅没有这样的权利，还得处处让着达官贵人。在汉朝，有钱的商贾是不准乘车、骑马的，再有钱也不行，就因为他们的社会地位低下。唐朝也有类似的规定，唐朝时期的工、商、僧、道、贱民都不准骑马——玄奘的白龙马可能是个特例。在元朝，官方还专门规定娼妓不准乘车、骑马。

古代的交通工具还有轿子。乘坐轿子的等级制度就更森严了。在很多朝代，即使你是官爷也不一定能乘坐轿子！唐朝规定，庶民不得坐轿；天子脚下，只有一品高阶的宰相等在身患疾病的时候才可以坐轿，其余的官员不论品级都不许坐轿。北宋初年，只有个别重臣经皇帝特许，才能乘轿。明朝初年，朱元璋规定，京官三品以上可以乘轿，在京四品以下和在外官员只能骑马，不许坐轿。

其实，清朝的规定也很严格，绝不是影视作品里演的那样，是个官爷就能享受八抬大轿的待遇。清朝初年，政府规定武官不许坐轿。嘉庆年间，朝廷重申禁令，凡将军、都统、提督、总兵等高级军官"如有乘坐肩舆者（肩舆是轿子的泛称），经人纠参，即行照例革职"。不仅如此，贝勒、贝子等皇族成员也一律不得乘轿，只能骑马。他们要是坐了八抬的轿子，就属于僭越啦。

* 壁画中浩浩荡荡的出行队伍分前、中、后三段，前后段均为骑兵，较为复杂的中段，中间前部为鼓乐队、仪仗队、伎乐杂耍队，然后是近卫骑兵护送下的引导车马、贵胄车辆、殿后车辆。所有人物服饰均以鲜卑服饰为主，遵中原礼制

［魏晋］《北魏贵胄出行图》局部，大同市博物馆藏

古代最奇葩的酷刑——笑刑

　　古代有没有什么奇葩的刑罚呢？当然有！我在这一章节就来说一说古代的奇葩刑罚。

　　说起来，膑刑、贯鼻（耳）、夷三族、鞭击、凌迟、髡刑等刑罚都让人很惊讶。而且，除了髡刑，其他的刑罚从现在的角度来看都非常残忍。毕竟髡刑比起割耳、割鼻，显得惩罚很轻了。简单来讲，髡刑就是剃掉你的头发！对于现代人来说这不算什么，但在古时候，髡刑与其他酷刑并列，属于很严重的刑罚。毕竟，古代人讲究"身体发肤，受之父母，不敢毁伤"，他们会觉得剃光头是奇耻大辱，都不如被砍头！

　　除此之外，古代还有一种刑罚——笑刑，让你笑着笑着就"挂了"（网络用语，意为死亡）。看过《倚天屠龙记》的朋友们都知道，张无忌对赵敏逼供时，就是以挠脚心的方式折磨赵敏。你可千万别觉得这个笑刑是逗你玩的，这在古代绝对算是一种酷刑哟！只不过操作起来不像挠脚心这么简单。

　　早在汉朝，笑刑就出现了。受刑者通常是贵族，这种刑罚不会在身体上留下痕迹，并且比较容易恢复。施刑的部位不局限于脚心，还包括腋窝、颈部、膝盖、腹部、肋骨、肚脐眼等。

不过，狭义上的笑刑就是指挠脚心。行刑前，狱卒会把犯人的手脚用木枷锁好，防止其挣扎。接着，狱卒会除去犯人的鞋袜，使其脚心裸露出来，在其脚心涂满蜂蜜、糖汁，然后牵来一只山羊舔其脚心。山羊的舌头上有倒刺，犯人的脚心被山羊舔后会奇痒难忍，即使很不敏感的人也会因禁不住钻心的痒而狂笑。一旦蜂蜜、糖汁被舔干净了，狱卒会立即再将蜂蜜、糖汁涂满其脚心。这样山羊就会不停地舔，直至犯人忍不住狂笑而求饶。不要小瞧笑刑，这是有可能致死的。人持续狂笑，会使肺部的空气越来越少，造成人极度缺氧而窒息，进而危及生命。

汉朝并非用山羊舔舐脚心，而是多用羽毛、刷子来刺激脚底。哪怕受刑者受尽折磨，也不会在双脚上留下伤痕。汉代时期，这项刑罚是为汉代上层社会所设的，并不对民间犯人实施。笑刑的设定，目的在于审讯，而非致命，能够确保贵族、官员不受皮肉之苦，从而维护贵族、官员的体面。汉代实行笑刑的对象还有宫妃，因宫妃的身份特殊，也无法对其严刑拷打。虽然行刑时没有任何伤痕，但是会反复折磨她们，把受刑的时间拉长，摧残犯人的心理。

笑刑并非中国独有，在欧洲也有这样的刑罚。在欧洲，古罗马时期的笑刑可比我们汉朝时期的笑刑残忍得多。古罗马时期，接受笑刑的犯人不是贵族，而是战俘。行刑的部位也不只是脚底，战俘的全身会被涂抹甜汁，牵来山羊，进行舔舐。对战俘而言，这是超高强度的生理刺激。一般在笑刑刚开始时，战俘能够忍住痒，不笑。但几分钟后，战俘就会觉得奇痒难忍，开始大笑。战俘受此刑时往往会持续几个小时，他们会从一开

始憋笑到放声大笑再到流泪、抽搐，之后他们会呕吐、呼吸困难，失去意识。山羊甚至会把战俘的皮肤舔出血，在鲜血的刺激下，山羊会继续舔舐。整个行刑过程很长，犯人要么乖乖招供，要么就被持续折磨，直至窒息死亡。在欧洲，笑刑有时是被当成死刑来实施的。

趣闻篇

皇帝的龙袍上到底有几条龙？

从前的古人生活慢

"二月二，龙抬头"，为什么在这天有理发的习俗呢？

俗语说："二月二，龙抬头。"所谓的"龙"，指的是二十八宿中的东方苍龙七宿星象：每年这个时候，"龙角星"就会从东方地平线上升起，故称"龙抬头"。

二月初二这一天，阳气勃发，雨水增多，万物生机盎然，标志着一年春耕由此开始。因此，有民谚说"二月二，龙抬头；大仓满，小仓流。"这一天被认为是一个祈龙赐福，驱邪攘灾，保佑风调雨顺、五谷丰登的好日子！

这个节日跟唐德宗有关

当时，除了二月，每个月都有节日。前面的皇帝都不觉得有什么问题，但唐德宗却觉得这样不妥。二月的天气由寒转暖，万物复苏，正是插秧犁地的最佳时节。这关乎老百姓的温饱和作为帝国根基的农桑。这是何等重要的月份，怎么能连一个重要节日都没有呢？而且，唐德宗继位后以强明自任，严禁宦官干政，废租庸调制，改行"两税法"。老百姓都翘首期盼，希望能重新过上男耕女织的好日子。此前，唐德宗下诏改元为贞元，希望国家能有个新气象。于是，唐德宗找来宰相李泌商议，李泌认为以农业立国，二月确实应该有个鼓励百姓耕种的节日，便建议将二月一日定为"中和节"。他建议在这一天，"百官进农书，司农献穜稑之种……村社作中和酒，祭勾芒以祈年谷。"也就是说，在这一天，百官要进献农书和种子；人们还要酿制宜春酒来祭祀勾芒神（主管树木的神），以祈祷丰收。唐德宗听后大为赞赏，马上就同意了。有了皇帝的推行，中和节就成了唐朝最重要的节日之一。

这满满的仪式感，是君王重视农业生产的体现。上下一心，帝王百姓一起团结搞农业生产。

讲到这儿，你可能会问："这跟'二月二'有什么关系？"关系大了！在传统历法与节日中，古代人非常重视每月的晦日（农历每月的最后一天），即大月的三十日，小月的二十九日。正月晦日作为一年的第一个晦日即初晦，特别受到古代人的重视，被寄予驱邪、避灾、祈福等美好愿望。唐朝以中和节取代了晦日节，晦日节便逐渐衰落了。宋朝以后，中和节衰落。由于二月初一与"二月二"节期相邻，人们认为既然二月初一被当作关乎农业生产很重要的节日庆祝，可以保留这个传统，不过时间就往后推一天，放到二月初二这一天吧！

怎么会有理发的习俗呢?

一到春节,就总会听到"正月不剃头,剃头死舅舅"这句俗语。民间也一直有"二月二,龙抬头""理发去旧"的风俗。据说,人们在这一天理发能够给自己带来一年的好运。

"正月不剃头,剃头死舅舅"这个说法是源自民间传说,其实没什么切实的依据。相传,有一个舅舅亲自将外甥抚养成人。外甥长大后,舅舅让他向剃头师傅拜师学艺,外甥便认真学习,有了一门剃头的好手艺。春节到了,外甥给舅舅拜年,为了报答舅舅的养育之恩,外甥就使出自己的手艺,给舅舅剃头、刮脸。剃头后,舅舅容光焕发,村里的人见了都说他的外甥很孝顺,这让舅舅很欣慰。从此,每年正月时外甥都会专门去给舅舅剃头。几年后,舅舅去世了,外甥再也不能在正月里给舅舅剃头了,他非常伤心。从此,为了纪念舅舅,他发誓从正月到二月初一,不再给别人剃头。这个外甥在正月给舅舅剃头的孝顺故事很快就传遍了十里八乡,大家都很敬佩这位孝心可嘉的剃头匠。于是,每到二月初二,大家都找他来剃头,剃头匠刚出摊,门口就会排起长队。

这个故事广为流传。民间因此渐渐形成了两种风俗:一是正月期间不能理发,要思念舅舅;另一个习俗就是到了二月初二这一天,可以安排新年的第一次理发。故事讲的是哪个朝代的事,是从何时流传开来,已无人知晓,但是"思舅"渐渐被传成了"死舅"。

只有理发的习俗吗？

"二月二"的习俗中，除了剃头辞旧，还有别的讲究。

龙在古代是皇帝的象征，皇帝是真龙天子，平时人们都忌讳用"龙"的字眼，唯独在二月初二这一天，民间百姓可以将食物以"龙"来命名，以祈龙赐福，保佑风调雨顺、五谷丰登。比如，将吃面条称为"扶龙须"；饺子被称为"龙耳""龙角"；白米饭被称为"龙子"……甚至有人充满创意地将面条、馄饨一块煮，为其取了一个吉祥的名字——"龙拿珠"，希望图个吉利，寓意新的一年鸿运当头！

❀ 在古代说"清明节快乐"，古代人为何不生气？

一说到清明节，我们就会想到"清明时节雨纷纷，路上行人欲断魂。"清明节在我们的印象里好像只有扫墓这一个传统。其实，将清明节只当作"祭扫节"或"扫墓节"，是现代人对这个节日的民俗风情的大误解，清明节既有祭拜先人的悲情泪，还有亲近大自然，踏青游玩的欢笑声。

清明节是怎么来的

我们那么多的传统节日中，只有两个节日是专门为了纪念历史人物而产生的。一个是端午节——纪念屈原和伍子胥，另一个就是清明节——为了纪念介子推。如果从晋文公纪念介子推设立寒食节开始算起的话，清明节已经有两千多年的历史了，在历史的发展过程中自然而然地产生了很多丰富有趣的民间习俗。

很多读者到这儿会有疑问："寒食节是寒食节，清明节是清明节，二者怎么能混为一谈呢？"当年，晋文公落魄，追随他的介子推割下了腿上的肉，将其给晋文公吃。但晋文公登基后，介子推却不肯出仕，隐居起来。晋文公被迫烧山，想逼其出来，没想到介子推性子倔，直接被活活烧死了。晋文公懊悔不已，就将这一天设为寒食节，规定每年这一天家家户户不得生火。于是老百姓会在前一天将饭做熟，第二天吃凉的。另外，寒食节还有祭祀、踏青等习俗。唐朝之后，寒食节逐渐不时兴了，可能当时的古代人觉得吃凉食对身体不好。宋元时期，由于寒食节在清明节的前一天，人们便用清明节取代了寒食节，还将寒食节的习俗融入清明节的传统里。

现在，清明节时，全国放假三天。我们可以和亲朋好友聚在一起，吃吃喝喝，确实比古代人过清明节时要有趣、丰富得多。

清明期间正是谈情说爱的时节

根据《礼记》记载，清明期间正是男女谈情说爱的大好时节。

清明，有天清地明之意。相传，大禹治水后，"清明"一词就出现了。先民们最早是借用清明来庆贺水患消除、国泰民安。清明期间，万物复苏，春光明媚，正是草木抽芽之时，大自然生机盎然，草地也不怕被踩踏，大家便会选择在清明节这天出门，踏青游玩，清明节也因此被称为"踏青节"。先秦时期，青春萌动的少男少女会在清明这一天，沐浴春光，春心荡漾地走出家门，参与全民相亲的狂欢。

据《周官·地官司徒》记载："媒氏掌万民之判。凡男女自成名以上，皆书年月日名焉。令男三十而娶，女二十而嫁。凡娶判妻入子者，皆书之。中春之月，令会男女。于是时也，奔者不禁。若无故而不用令者，罚之。司男女之无夫家者而会之。"原来，为了解决青年男女结婚问题，中国古代政府部门操碎了心。他们想方设法地让青年男女"脱单"，还专门成立了官方婚介中心，替大龄青年张罗婚事。固定在"中春之月"，也就是清明节期间，令男女自由相会，以顺天时。他们还在小山丘、小山林举办相亲之会。当时的场景，真的是异常盛大，"出其东门，有女如云""于是时也，奔者不禁"，人们可以不顾及戒律和礼仪，自由地寻求爱侣！先秦时期有诗歌曰："求我庶士，迨其谓之。"意思就是说"有心追求我的小伙子啊，赶快趁着好时光和我聊聊吧！"

清明节的其他传统活动

除了政府举办的男女相亲活动，古代人在清明节这天，还会去郊外踏青，尽情享受大自然的恩赐。敦煌壁画中就表现了，古代人在清明春游途中，设乐踏舞和攀树摘花，看杂技顶竿娱乐等画面。而且古代人善诗，文人雅士们吟诗作赋、对酒当歌也是常有的事，颇有一番雅趣。

清明节还有插柳的习俗。据说这个习俗是为了纪念教民稼穑的农事祖师神农氏的，也有说这是与介子推有关的……而根据有的民间传说，以及史籍典章的记载，清明节插柳的习俗其实是与

＊曲栏旁一仕女在荡秋千，旁边的仕女或坐或立观赏景色，以
　享春光之乐

［清］陈枚《月曼清游图册·秋千图》，故宫博物院藏

免除瘟疫疾病有关。

古代人还会把柳枝插在屋檐下。因为柳条插土就活，插到哪儿就活到哪儿，年年插柳，处处成荫，这是人们对春天的一种希冀，也是对家族人丁兴旺的一种期盼。如今清明前后正是北方植树的好时节，阳光明媚，雨露滋润，树苗成活率高，成长速度快。所以清明节植树已经基本上替代插柳成了一项常规活动。

古代人还会在清明节放风筝，据说这样可以去除晦气。等风筝飞上天后，他们会剪断牵线，任凭清风载着风筝自由飞翔，希望借此除病消灾，带来好运。

春秋时期，我国北方出现了秋千。其实，它原来不叫"秋千"，而是叫"千秋"，后来为了避讳就将其改名为"秋千"。古代人喜欢在清明节时荡秋千，很多文人都留下了有关秋千的诗词。苏轼写的"墙里秋千墙外道，墙外行人，墙里佳人笑。笑渐不闻声渐悄，多情却被无情恼"就是描绘古代少女在清明节的时候荡秋千的情景。

另外，古代人还会与亲朋好友聚在一起，踢踢蹴鞠，拔拔河，斗斗草，赏花饮酒，吟诗作画，曲水流觞，一醉方休，好不快哉。趁着草长莺飞好天气，大街小巷、山野树林都会有人组织火爆的蹴鞠大赛，男女老少齐上阵，这正是"蹴鞠屡过飞鸟上，秋千竞出垂杨里。少年分日作遨游，不用清明兼上巳。"

有朋友可能会说："除了'斗草'，其他的娱乐项目咱们都能理解。这个'斗草'是什么呢？"有的"80后"可能小时候玩过，"斗草"就是捡起两根草，用草茎钩在一起，然后两边拉扯，看谁能把谁的草茎扯断，草茎断了的人就是输者。

　　春天到了，用新鲜的草茎钩在一起，一决胜负。李清照就喜欢清明时节玩斗草，有词为证："淡荡春光寒食天，玉炉沉水袅残烟。梦回山枕隐花钿。海燕未来人斗草，江梅已过柳生绵，黄昏疏雨湿秋千。"

　　古代人也是吃货。为了响应"寒食"的号召，他们会用麦草捣汁，和着糯米做成青团，还会做乌饭糕、香椿芽拌面筋……也就是说，在古代，清明节既是一个悲伤的日子，又是一个欢乐、美好的日子。

❋ 端午节不能说"快乐"，
   得说"端午安康"？

　　每年端午节的时候，我都会跟亲朋好友道一声"端午节快乐"，就像其他节日一样。直到今年，有位朋友跟我说："大力啊，你错了，端午节不应该说'快乐'，得说'端午安康'。"这一下就把我搞蒙了，难道这么多年我都说错了？

端午节的由来

　　我们都知道端午节是为了纪念屈原而产生的。公元前278年，农历五月初五，爱国诗人屈原投汨罗江自尽，对此深感痛惜的人们纷纷包粽子、赛龙舟，想以此来纪念他。另有说法是为了纪念伍子胥、孝女曹娥等人。

　　有史学家指出，纪念屈原这一说法不一定对。因为，在屈原生活的年代以前，端午节就已经存在了。最初，端午节是中国南方沿海的上古先民通过龙舟竞渡的形式来祭祀龙祖的节日。还有端午节跟星宿有关的说法。在"二十八宿"中，龙形星象的"苍

龙七宿"在仲夏端午时期，高悬于正南中天，处在"正中"之位置，被古代人认为是处于最鼎盛的状态，是大吉大利的天象，故而要用盛大的节日来庆祝这一天。

还有资料显示，端午节起源于夏商周时期的夏至节，农历的五月初五是夏季的开端。古代人认为这是阳气最盛的时候。中国传统文化讲究阴阳和谐，过犹不及，阳气极盛的日子一般被认为是不好的。夏天来了，气候炎热多雨，各种蚊虫生长较快，瘟疫流行。人们因此认为五月五日是恶月恶日，五毒尽出。古代的医学落后，于是就有了"躲午（五）"的习俗，人们在这一天祈求平安，后来就渐渐演变成了"端午"。

端午节的起源蕴含着深邃、丰厚的中华传统文化内涵。在后来的传承、发展中，因各地文化差异，在习俗上又略有不同。

端午节还有哪些习俗

端午节有两个标志性的习俗：赛龙舟和吃粽子。除此之外，你还知道哪些习俗吗？

有的地方讲究"一吃二拴三采"的传统习俗。"一吃"就是吃五黄或者吃名字中带有黄字的食物，寓意在青黄不接的时候能够接起来。有的地方还有喝雄黄酒的习俗。人们认为喝了雄黄酒，就可以驱除病疫。"二拴"是拴葫芦、拴扫把或者是在家里挂五毒图。"三采"就是采艾蒿。人们把艾蒿插在门上，不局限于艾蒿，有的地方还会悬挂菖蒲、石榴和胡蒜等，用于驱邪。提到菖蒲，我们就不由得联想端午节可能还跟鬼怪有关。因为菖蒲的叶片状如宝剑,古代便有了它是水剑的说法,认为它可以斩妖除魔。

有的地方会挂上钟馗像。民间传说,唐玄宗生病时梦见一个相貌奇异的大鬼,戴着破帽,穿着蓝袍、朝靴,专门捉偷他宝物的小鬼。这个大鬼生于终南,自称"终南进士"。钟馗说他应举不第,抗辩无果,怒撞殿柱而亡,请求皇帝封自己为"赐福镇宅圣君",这样唐玄宗醒后病就能痊愈。唐玄宗醒来后发现自己的病竟然好了,便命画家吴道子画了一幅钟馗像挂在宫中,以驱逐邪祟。唐朝时期,皇帝还会把钟馗像赐给大臣。民间也效法起来,大家纷纷购买钟馗画像,粘在自家门上,用来驱鬼避凶。最早是在正月里挂钟馗画像。后来,有的地方渐渐变成了在端午悬挂画像。

有些地区还流传着晒端午的习俗。在端午这天的正午 12 点,让体弱多病的人在大太阳底下晒一会儿,据说能把身上的邪气晒跑。

大家不光晒端午,还有人会把整头的大蒜丢在炉膛内烤熟,然后给孩子们吃。一个孩子必须独吃一整个蒜。"独"与"毒"同音,这是希望孩子在夏天不得痢疾,肚子里不长虫子,能够健健康康的!

还有写王字的习俗。一般家里有小孩的,大人会给孩子耳朵上夹艾蒿,给孩子的头上戴菖蒲,还用雄黄酒在孩子的额头上写一个"王"字。据说,这个"王"字跟老虎额头上的王一样,可使百鬼畏惧,保护孩子的健康。

这么看来,端午节在古代被视为驱病防疫的一个节日,有点

类似于我们现在的公共卫生日。照这个思路来理解的话，好像端午节是不太适合说"快乐"。毕竟谁会在公共卫生日见面时问候别人，对别人说"祝你公共卫生日快乐"呢？

端午节能不能说"端午节快乐"呢

端午节与春节、清明节、中秋节并称中国四大传统节日，法律规定放三天假。我们可以用这三天的时间跟亲朋好友相聚、短途旅行、吃粽子，其实是很快乐的事。

有人提出，不能说"端午节快乐"的话，可以说"端午安康"。这听起来好像是很有道理的样子。但是说了这么多年的"端午节快乐"，突然要改口，我还真不习惯。我想了一个办法，这个办法就是我们可以祝大家"端午节假期快乐"。

其实传统节日传承到今天，传承习俗是一方面，另一方面是让人们了解和记住其文化内涵，让人们在这一天聚在一起，感受幸福生活，这才是重中之重。端午节不就是古代人为了祈求幸福生活而产生的一个节日吗？那我们为什么不能在这一天祝福大家端午节快乐，端午节幸福呢？这就好比我们都知道春节有放鞭炮的习俗，按照最初的说法，放鞭炮是为了赶跑年兽，用来祈求平安。我们既然可以说春节快乐，为什么就不能说一声端午节快乐呢？

南方有很多地区在端午节时会有不少热热闹闹的民俗活动，像赛龙舟、吃龙船饭等。这完全是一种对美好生活的祝福，也是一种快乐的情感传达。大家的快乐与幸福都写在脸上，这才是传统节日的意义。

说到底，沧海桑田，斗转星移，人们的生活方式改变了，从古至今的很多传统习俗一直在传承、在改变。但是，我们中国人尊重传统习俗，热爱生活，彼此关爱的这种民族精神与文化内涵没有改变。

古代也有"国庆节"吗？

国庆假期刚结束，2023 年的国庆节与中秋节连在一起，调休放假八天，大家都趁此长假旅游出行，好不热闹。其间，有读者问我："古代也有'国庆节'吗？有没有国庆长假呀？"

其实，"国庆"这个词极其古老，原本是指国家喜庆之事。据考证，这个词最早出现于西晋时期。当时，有一个文学家名叫陆机，他在《五等诸侯论》中提出："国庆独飨其利，主忧莫与共害。"这里的"国庆"跟我们现在说的"国庆"的含义区别很大。但无论怎样，"国庆"这个词早在西晋时期就诞生了。

在古代，能让全国上下一起庆祝的节日，基本都跟帝王有密切的关系。大多数举行"国庆"典礼的日期都是帝王的诞辰日。

那么问题来了，史料《云麓漫钞》卷二中有记载："魏晋以前，不为生日"。也就是说，在魏晋以前，古代人并没有过生日的意识，也没有过生日的习俗。当时，人们只是用生辰八字（出生的年、月、日、时）占卜吉凶，推算命运好坏，等等。魏晋以后，才逐渐有了生日的说法。

唐朝有"国庆"

唐玄宗统治前期励精图治，令唐朝国力空前强盛，社会经济空前繁荣，迎来了"开元盛世"的大好局面。古书中有记载：开元十七年（729 年）八月初五，左右丞相率百官上表，"请以八月五日为千秋节（取千秋万代之意），""布于天下，咸令宴乐，休假三日，群臣以是日献甘露醇酎，上万岁寿酒。"唐玄宗欣然接受。自此，唐玄宗的诞辰日便上升为国家法定节日，每逢八月初五，文武百官会进献寿礼。唐玄宗会在此日宴请百官。全国放假三天，各地会举办盛大的宴会为唐玄宗庆生。唐玄宗也渐渐沉溺酒色，变得骄奢淫逸。千秋节是越来越热闹，但是也越来越铺张浪费，耗费了巨大的财力、物力、民力。《新唐书·礼乐志》中提到玄宗，谓其"君臣共为荒乐"。

这之后，各个皇帝差不多都延续了这一仪式，都为自己的生日立节，但节日的名称有所区别。如宋太祖的圣节叫"长春节"，宋徽宗的圣节叫"天宁节"。明清时期，皇帝的生日统称为"圣寿节""万寿节"。

我想，唐朝的千秋节应该是我国历史上第一次出现的，跟我们现在的"国庆节"类似的国家法定节日。虽然帝王的诞辰日，全国一起欢庆，但说到底，这还是庆祝皇帝个人的生日，不能算是严格意义上的真正的"国庆"。

真正的"国庆"

1949 年 10 月 9 日，中国人民政治协商会议第一届全国委员会召开第一次会议的时候，民主促进会的首席代表马叙伦先生因病在家休息。他把亲笔写好的关于国庆日的建议案委托许广平委员向会议提出。许广平委员在这次会议上发言："中华人民共和国的成立，应有国庆日，希望本会决定把 10 月 1 日定为国庆日。"当天，会议一致通过了《请政府明定十月一日为中华人民共和国国庆日，以代替十月十日的旧国庆日》的建议案，并决定送请中央人民政府采择施行。

1949 年 12 月 2 日，中央人民政府委员会第四次会议最终通过《关于中华人民共和国国庆日的决议》，宣告：自 1950 年起，即以每年的 10 月 1 日，即中华人民共和国宣告成立的伟大日子，为中华人民共和国的国庆日。

此后，10 月 1 日正式成为了中华人民共和国的"生日"，即真正意义的"国庆日"。从 1950 年起，每年的 10 月 1 日就成为中国各族人民隆重欢庆的节日了。

❀ 古代没有"加油"，助威时能喊什么？

关于"加油"这个词，有的人认为这出自我国传统榨油作坊的号子，有的人说这出自大善人给穷人学子添灯油……不过可以肯定的是，"加油"这个词早就有了。但是"加油"被当作加油鼓劲的意思大约是自民国初年的事情。

相传，当时国家积贫积弱，清华学堂（现在的清华大学）学子们的生活条件也很艰苦。食堂饭菜里的油水少，没有油水的菜吃了不管饱，学生们就不干了，他们"铛铛铛"地敲着铁饭盒，高喊"加油……加油"以示抗议！学校因此拨了经费，让学子们顿顿都有红烧肉吃。这个"加油"的口号，深入人心。后来，正好学校举行篮球比赛，为了给队员鼓劲，突然有人脱口而出"加油"，这跟大家当时的情绪很吻合，马上引起了大家的共鸣，于是，"加油"之声，此起彼伏。校刊的体育新闻也稀里糊涂地将"加油"一词当作"加油助威"的意思发表了，一下子成了校园的流行词，后流传至全国。

也就是说，在古代，"加油"可能就是榨油或给油灯添油的意思。而在近现代时期，人们无意中将"加油"用来鼓舞人心，表示加油、助威的意思。

* 两只凤鸟足踩两只卧虎，尾尾相对，两鸟背上各一立虎，前足托举圆形鼓腔，颜色鲜艳，造型十分优美独特

[战国] 彩绘漆木虎座鸟架鼓，湖北省博物馆藏

　　那么，问题就来了，古代没有"加油"这个词，人们在助威时喊什么呢？

　　先秦时期，武王伐纣，对抗的是商纣王十几万大军。那时周武王联军才有几万人，再加上他们是以下克上，所以大家心里都没谱。于是，统帅姬发便会盟诸国，他登上高台，面对将士们，大声说道："尚桓桓，如虎如貔，如熊如罴，于商郊。弗御克奔，以役西土。勖哉夫子！"姬发的意思就是希望人们个个威武雄壮，如虎、貔、熊、罴一样，奋勇向前。这里的"勖哉"就有努力、加油的意思。

　　春秋战国时期，征伐不断，为了激励彼此，大家都会在阵前大喊一声"杀"。几万人如猛虎下山，他们的怒吼，气势恢宏。

　　据《后汉书·王霸传》记载，汉光武帝刘秀麾下曾有一员猛将，名为王霸。王霸曾跟随刘秀参加了历史上著名的昆阳之战。他帮助刘秀一统天下，成为云台二十八将之一。刘秀称帝后，感慨万千，他曾对王霸说："颍川从我者皆逝，而子独留努力，疾风知劲草。"意思是跟他起义的人，只有王霸一直舍命相随。只有在大风中，才能看出什么样的草是坚韧的！他希望王霸继续努力。可见古代人常用"努力"二字来表达加油的意思。

　　当然，在古代表达"加油"的词可不止一个"努力"。"汝其勉之"中很文绉绉的"勉之"就有加油的意思。另外，当时马球比赛、蹴鞠大赛等，观众看到精彩处，都会情不自禁地喊出"好"。这简单的一个"好"字，也是表达"加油"的意思的。还有，科举考试中，人们为鼓励莘莘学子，会用"功名不早著，竹帛将何宣"表示"加油"，这样祝福学子金榜题名，高雅得很。

故宫屋顶上的神兽是干吗用的?

逛故宫的时候，你有没有发现屋脊上有很多小神兽呢？其实，别处的古建筑上也有小神兽，只不过没有故宫的数量这么多而已。这些小神兽被称为"仙人走兽"，是中国古建筑屋顶上的脊饰。这些小神兽一是可以使屋脊富于变化，让屋脊变得更加美观，具有艺术性。梁思成先生曾评价屋脊上的神兽："使本来极无趣笨拙的实际部分，成为整个建筑物美丽的冠冕。"二是可以起到稳定脊瓦的作用。一般来说，等级越高的建筑，其屋脊上的仙人走兽的数量越多。

* 正脊两端的鸱吻、垂脊上的垂兽以及飞檐的走兽等尽显中国古代宫殿建筑风格 太和殿飞檐上的仙人走兽摄影图

故宫的屋脊兽有哪些

在古代，对这些神兽的数量和排列有严格的规定。按照建筑物等级的高低，数量会有所不同。太和殿是帝国权力的象征，其建筑等级是最高的，所以它的屋脊兽有十个。这在中国古建筑史上是独一无二的，显示了至高无上的皇权。除了太和殿，其他地方的神兽数量都必须是奇数，如保和殿有九个，坤宁宫有七个，东西六宫大多是五个。

以太和殿的屋脊兽为例。最前面的这个小老头就是"骑凤仙人"。关于"骑凤仙人"到底是哪路神仙，民间有几种说法，其中最为流行的说法是这位仙人原是古代齐国的国君。这位齐国国君兵败奔逃，来到了一条大河岸边，走投无路了。危急之时，突然有一只大鸟飞到眼前，他急忙骑上大鸟，化险为夷。于是，人们将"仙人骑凤"放在屋脊上，寓意"逢凶化吉"。

"骑凤仙人"身后排着的是各种神兽。

先是龙——中国古代传说中能兴风降雨的神异动物，古代人认为它是吉瑞的象征。

然后是凤，即凤凰，是古代传说中的百鸟之王，羽毛美丽，常用来象征祥瑞。

之后便是狮子，我们国家原本没有狮子，狮子与麒麟一样，只是古代传说中的一种动物。相传狮子是文殊菩萨的坐骑，象征着威武。

狮子后面是天马、海马。它们都是吉祥的化身，象征着皇家的威德可通天庭，达海底。

再就是狎鱼。它是古代传说中的一种海中异兽，在海中能掀起风浪。因为古代的建筑物都是木制的，找它来镇守，正好可以镇火防灾。

按顺序，下一个是狻猊。它是传说中的一种猛兽，可食虎豹，形象如狮子，有"威武百兽率从"的意思。

狻猊后边的是獬豸。它是传说中的一种神兽，独角，见人斗，即以角触不直者；闻人争，即以口咬不正者。獬豸有很高的智慧，能辨是非曲直，古代人将它作为"正大光明""清平公正"的象征。

獬豸的后面便是斗牛。斗牛不是牛，它在神话传说中是虬龙①的一种，是除祸灭灾的吉祥镇宅之物。

* 狻猊形状像狮子，喜欢烟火，狻猊纹样常用于装饰香炉

天后宫香炉摄影图

----

①古书《广雅》将龙分为四种：有鳞的叫"蛟龙"，有翼的叫"应龙"，有角的叫"虬龙"，没角的叫"螭龙"。——编者注

太和殿的屋脊神兽排在末尾的叫"行什"，是一种背生双翼，手持金刚宝杵，猴子模样的神兽，传说宝杵具有降魔的功效。因排行第十，故名"行什"，颇像传说中的雷公，大概是防雷的象征。这在全中国的古建筑中是一个孤例。

据考证，皇家建筑屋顶使用仙人走兽的传统最早出现在北宋，当年的仙人走兽和明清故宫中的不同，宋朝人喜欢让这些神兽一组一组出现，镇守宅邸。

咱们古建筑上的仙人走兽，体现了古代传统文化。明清时期，民间建筑也使用类似仙人走兽的脊饰来装饰屋脊，比较有代表性的是岭南福建一带的祠堂建筑，以及山西的宗教建筑。此外，咱们古建筑上的仙人走兽还影响了周边汉文化圈的国家，比如，朝鲜王宫也用仙人走兽：大唐师父、孙行者、猪八戒、狮画像、二鬼朴、二口龙、马画像、三杀菩萨、穿山甲共九种。藩属国绝对不能用十个仙人走兽。

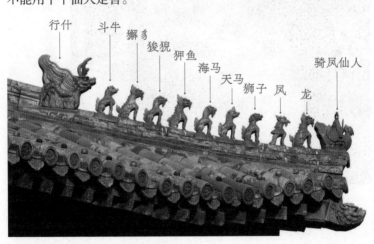

* 太和殿飞檐上的仙人走兽图解

✳ 古代起名要谨慎，一不小心就会闯祸

民间有俗语："不怕生错命，就怕取错名。"倒不是因为古代人非要起一个特别好的名字，而是他们在封建皇权之下，因名字获罪的人太多了。如果名字起得有问题，轻则仕途不顺，重则脑袋搬家。这正应了那句话：人在家中坐，祸从天上来。

鱼遵

十六国时期的苻生就是一位让人有很多忌讳的皇帝。苻生自幼独眼，力举千钧，击刺骑射，冠绝一时。他是带兵打仗的一把好手，冲锋陷阵，视死如归，多次重创晋军。

但他的性格非常残暴，不适合当皇帝。他的祖父苻洪曾对他的父亲苻健说："此儿狂悖，宜早除之，不然，必破人家。"果不其然，苻生登基后，大权在握，无人敢约束他，肆无忌惮的他如豺狼虎豹一样嗜杀成性。有一日，天上出现了日食，那时人们认为日食就是太阳突然坠落了。有奸臣趁机向苻生进言："太阳

象征着天子，日堕就意味着王堕，一定是朝中大臣王堕与苻生相克。"苻生一听，这还了得！直接下令斩杀王堕，以抵消天灾。

还有一日，城内的孩子们正传唱一首童谣："东海大鱼化为龙，男便为王女为公，问在何所洛门东。"其实，这首童谣可能是苻生的堂哥苻坚有意找人编写传唱的，暗喻苻坚最终将取代苻生，登上皇位。可惜苻生没有理解童谣的意思——他做了一个噩梦，梦中有一条大鱼狂吃蒲草。他醒后认定是童谣与梦相对应，将前秦开国功臣鱼遵满门抄斩。因为苻生是这么想的：广宁公鱼遵，姓鱼，对应了童谣中的"东海大鱼化为龙"，鱼遵，反过来就是遵（尊）鱼，鱼跃龙门，便会化为龙。这不就让民间童谣和他所做的噩梦联系上了吗？于是，就因为这个名字，鱼遵给自己和家人招来了大祸。

苻生在登基后做的第一件事便是下诏：今后，谁胆敢说残、毁、伤、少、无、不足等会令他不爽的字眼，就处死谁。当时，有个太医便因此倒大霉了。那个太医为后宫配制安胎药的时候，苻生随口问了一句选用的人参怎么样。太医回答："虽小小不具，自可堪用。"太医的意思是说，虽然药材稍有欠缺，但制作出的安胎药还是能用的。可苻生却认为太医这是在讥笑他的眼睛，勃然大怒，当即挖去了太医的眼睛，然后处死了太医。

别的皇帝随身携带笔墨纸砚处理国政，苻生却不一样，随身带弓箭、佩刀也就罢了，他带的是钳子、锤子、凿子，专门用来随时动刑。别的大臣上朝是汇报工作，他的臣子上朝那就是从鬼门关走一遭。

五娘子

因为名字招致杀身之祸的大臣，哪怕遇到明君，也是难逃一劫，李君羡就是个例子。他曾跟随秦王李世民逐鹿中原，在李世民即位后，他还曾击退突厥军队，解长安之危。李世民曾夸赞他："似君羡这等勇猛，强虏何足忧虑！"

贞观初年，太白星多次在白天出现，人们认为这是兵灾的前兆。[①]朝中太史令给出的占星结果是"女主昌"，怕是要有女皇帝兴起。当时民间有传言："当有女武王者""唐朝三代之后，女主武王取代李氏据有天下"。李世民对此非常厌恶。后来，他举办宴会，行酒令，要求大家将自己的乳名说出来。李君羡自称乳名为"五娘子"，这让李世民非常惊讶——"五"与"武"谐音，"娘"就是女子。他又想到李君羡的官职、封号、籍贯里都有"武"字，于是心生猜疑，便将李君羡外调到华州（今陕西省渭南市）当刺史。华州有高人修炼辟谷术，且佛学造诣很深，李君羡便找到高人论道。御史知道后，上奏弹劾李君羡勾结妖人，图谋不轨。李君羡因此被处斩，全家抄没。后来，武则天称帝，专门下诏追复了李君羡的官爵。

---

①古人认为，太白星主兵象，据此可以预测战事。——编者注

"若"字辈

公元 978 年，秦州（今甘肃省天水市）节度判官李若愚的儿子李飞雄犯下了"诈乘驿谋乱"案——李飞雄看望县尉岳父后，骑乘岳父的马，假装是朝廷派出的使者，企图诓骗地方官兵和他一起到秦州协助他谋反。虽然他在前往秦州的途中被制服，但是宋太宗知道这件事后，雷霆大怒，下令严查。

当时乾州（今陕西省乾县）知州李若拙与此事并无关联，可是宋太宗一看到"李若拙"这三个字，就想到了李飞雄的父亲李若愚，他认定这两个人有关系，便决定将李若拙贬到海南。这个消息好似晴天霹雳，令李若拙十分震惊，但君命难违，他只能接受。

古代人起名字时还有各种避讳。

一要避国讳。古代人不仅要避讳皇帝、皇后的名字，还要避讳他们的喜好。比如，赵匡胤登基后，百姓就开始避讳赵匡胤及他祖上四代的名讳，就连同音或音近的字都不能再使用了。因为赵匡胤的祖父名敬，因此宋朝的"镜子"不能称为"镜子"，而是要称为"照子"。

二要避古代的圣贤。炎黄、老子、孔子、孟子等都被列入避讳之列，有时连达官显贵、权臣的名字也要避讳。

这么看来，难道古代人所注重的礼节都是繁文缛节吗？当然不是，这在当时只是统治者维护社会稳定的方式之一。不过，我觉得还是现在更好！毕竟在古代，我们连起名字的自由都没有。

＊
三名正在表演『杖头傀儡』
游戏的儿童，其中一人执杖
表演傀儡，一人敲鼓，一人
观看。宋代社会流行木偶戏，
时人称之为『悬丝傀儡戏』
［宋］苏汉臣《傀童傀儡图》，
日本东京国立博物馆藏

没有眼镜，古代人近视了怎么办？

　　我因为近视要戴眼镜，所以一直很好奇：古代也有视力不好的人吗？在眼镜被发明之前的漫长岁月里，古代"近视眼"怎么生活呢？我们可以想象一下，一个"近视眼"正眯着眼睛，挣扎着想看清楚模糊的世界，结果却是"五米以外，雌雄难辨；十米以外，人畜不分"，生活、工作都会受到很大的影响。

　　其实，我国古代早就有类似放大镜的工具了。江苏邗江甘泉二号汉代广陵王刘荆墓出土了一个金圈嵌水晶石的放大镜，它的外形看起来像一枚戒指。相关专家发现，它可以将书本上的字放大四到五倍，由此可见，古代人在一世纪左右就发明了单片眼镜，用来应对看不清文字的问题了。

　　可是对近视的人来说，放大镜是远远不够的。

　　公元 1240 年，宋朝有一位进士用磨制成形的水晶石镜片做成了双片眼镜。根据意大利旅行家马可·波罗的记载，在公元 1271—1292 年间，他曾在元大都等地见过中国人戴眼镜。明末时期，我国有了用于矫正近视的凹透镜，古代人用绳子将镜片系在胸前，随看随用。后来，人们将这种凹透镜逐步改进成了带有长柄的单眼镜。清朝赵翼在《陔余丛考》里写道："古未有眼镜，

﹡清朝初期，眼镜在中国开始较多使用

玻璃眼镜摄影图

至有明始有之，本来自西域。"当时，外国传教士将玻璃镜片类的眼镜传入中国。由于当时的镜片都是用水晶或透光性能好的宝石制成的，成本特别高，所以佩戴这样的眼镜是一件非常奢侈的事，只有有钱人才戴得起。

在古代，近视其实是一种"富贵病"，最初只有少数读书人会因为太用功读书而患眼疾。比如司马光"素有眼疾，不能远视"，陆游"少年嗜书竭目力，老去观书涩如棘"，等等。除了眼镜，聪明的古代人还想出了很多治疗近视的方法。

一是用中药熏洗眼睛，缓解眼睛的疲劳。古代的读书人在夜晚苦读时，要点油灯照明，油灯燃烧时会产生大量油烟。有时候他们的视力下降并不是因为近视，而是眼睛被油烟熏坏了。《苏沈良方》卷七中，"治诸目疾"部分记载了一种外洗眼目法："上盛热汤满器，铜器尤佳，以手掬熨眼，眼紧闭勿开，亦勿以手揉眼，但掬汤沃，汤冷即已。"古代人用这种方法熏洗眼睛后就可以在一定程度上解决视力下降的问题。

二是利用小孔成像的原理来提升视觉清晰度。古代人发现当他们透过缝隙或者门洞看东西的时候，视力会有所增强。于是他们在小木板上钻一个小洞，当需要看远处的时候，他们就用手举

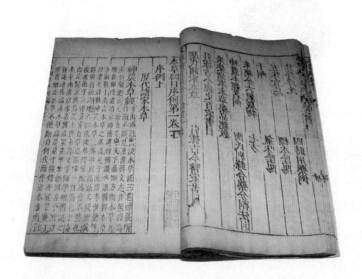

古代医书中有记载
明目的药物和方法
[明] 李时珍《本草
纲目》立达堂本，
中国国家博物馆藏

起这块木板，通过上面的小孔看向远处。这是古代矫正视力最常见的一种办法，但是操作起来实在是太不方便了。

说到眼镜，我想起了一个很有意思的话题：在眼镜被发明之前，让我们闻之色变的眼镜蛇，被叫作什么呢？其实，"眼镜蛇"只是眼镜出现以后才有的一种笼统的叫法。在国外，眼镜蛇因其外形特征被称为 snake with hood 或者 hood-snake（戴风帽的蛇）。在国内，我们给这类蛇起了不同的名字，比如说银环蛇、金环蛇。民间还有山万蛇、大扁颈蛇、蝙蝠蛇等不同叫法。最有趣的是，有的地方称其为"饭铲头"——因为眼镜蛇被激怒时，头会昂起且颈部扩张呈扁平状，很像饭铲。自从眼镜被广泛使用后，人们觉得这类蛇在发怒时身体前段竖起，颈部两侧膨胀，颈部背面会出现很像眼镜的花纹，就好像一条蛇戴了一副眼镜似的，故而将它们称为"眼镜蛇"。

看到这里，请你现在合上书页，揉一揉眼睛，驰目远眺，放松一下。虽然现在眼镜很普及，还有隐形眼镜，但还是希望大家保护好眼睛哟！

古代人写错字后如何修改？

你们去过承德避暑山庄吗？那里的匾额上的"避"字被称为天下第一错字——康熙在"避"字右边的"辛"下面多写了一横！

难道是康熙的水平不够，才写了错别字吗？肯定没那么简单，康熙的书法造诣很高，他又非常精通汉文化，让他老人家写错字怕是比登天还难！因此，这很有可能就是他故意加的一横。一是这个字这样写好看。唐代欧阳询在《九成宫醴泉铭》中也这样写，元代楷书大家赵孟頫也曾这样写"避"字。

另一个考虑则是因为避讳，"添笔""缺笔"是古代人为了避讳的常见做法。康熙皇帝在避暑山庄上花费了巨大精力，一年中有很长时间都是在这里避暑。有人说，是康熙皇帝忌讳"避"字带有"逃避"的意思，才故意多添了一笔。还有人说，康熙是有意多写一横，寓意江山更稳当。不管哪种说法是真的，皇帝亲笔写下的字，而且还挂出来了，可见是有意而为之。大概，万岁爷有他自己的想法和坚持吧！

也许皇帝写了错字不算错，但普通人写字要是多了一笔或者少了一笔，那还是算错字的。汉字方正，字形好看，且历史悠久，但从笔画和字形来看，确实是比较难书写的。尤其是繁体字，笔

*
康熙皇帝的御笔承德『避暑山庄』匾
额中的『避』字，『辛』下多了一横
避暑山庄匾额摄影图

画那么多，别说现代人了，就连古代人也经常会写错！不过，我们在电脑、手机上输错了可以直接删除，用铅笔写了错字可以用橡皮擦掉。古代人可都是写毛笔字，写在竹简或丝帛、纸张上，如果他们不小心写了错字，该如何修改呢？

在纸张出现之前，人们为了书写记录，都是用毛笔蘸墨汁写在竹简上。要是写错了，就直接用小刀将墨迹削去，然后重写。刀就好比现在的橡皮。你看"删"字，就是由"册"和"刂"组成的——"册"是古代写文字的载体工具，"刂"是"刀"的偏旁构型。"删"字的本意就是用刀把简册上的写错了的字刮掉。所以，古代官府的文职人员会随身带着笔和刀，被人们称为"刀笔吏"。

蔡伦发明了造纸术后，古代人再也不用在沉重的竹简上书写了，也不用抱着重重的竹简看书，书写变得轻松方便，但他们依然避免不了写错字的问题！

　　古代人应对错字最简单、最直接的方式就是在错字上画个圈圈直接涂掉。像东晋书圣王羲之流传于世的《兰亭序》、唐代大书法家颜真卿的《祭侄稿》中都有修改错字的地方。一方面可能是他们在即兴创作中文思泉涌，写快了，便出现了错字；另一方面是他们对有些字词细细琢磨后觉得不押韵等，会进行修改。

　　颜真卿的《祭侄稿》是他在极度悲愤的情绪下书写的，难免不顾笔墨之工拙。王羲之写《兰亭序》时很可能已经喝醉了，所以就有了一些错字。有错字可怎么办呢？这两个人的做法很像，他们干脆用黑墨涂在错字上，或者在错字旁边写上正确的字，这些丝毫不影响两个人的作品。当然，在两个人的诗文中，我们能感受到这两位文豪大气磅礴的性格，想来他们应该也不在乎作品中有涂改。

　　但对一些讲究文卷整洁，有"强迫症"的文人来说，直接涂抹，错字的地方变成黑乎乎的一块，他们心里会很不舒服。于是，升级版的涂改工具诞生了！

　　北宋沈括的《梦溪笔谈》中有记载："尝校改字之法：刮洗则伤纸，纸贴之又易脱；粉涂则字不没，涂数遍方能漫灭。唯雌黄一漫则灭，仍久而不脱。古人谓之'铅黄'，盖用之有素矣。"原来，古代人修改错字，除了直接涂抹墨汁，还会用小刀刮纸——但是这样容易刮破纸张，他们还会在错字上面贴上遮盖的纸，或者用铅粉改之，或者用雌黄制作的"涂改液"修改。

　　为什么古代会用雌黄做涂改液呢？原来雌黄呈柠檬黄色，恰好古代的纸张颜色是泛黄的，雌黄的颜色与纸张的颜色差不多，于是涂抹在错字上，"一漫则灭，仍久而不脱"。因此在汉语中，

雌黄也有窜改文章、颠倒黑白的意思，"信口雌黄"这个成语就
是这么来的。

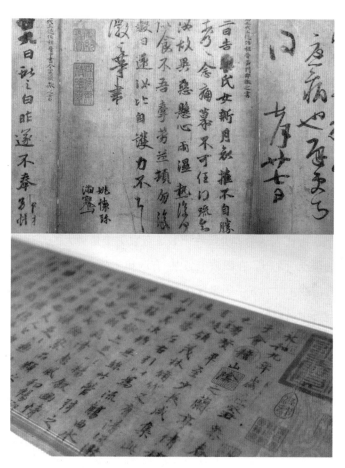

* 古代人作品中也有修改痕迹
  王羲之等人的作品摄影图

皇帝的龙袍上到底有几条龙?

在影视作品中，我们经常会看到皇帝坐在龙椅上接受群臣朝拜。在看到皇帝穿着绣有五爪金龙的龙袍时，你有没有留意过皇帝的龙袍上到底绣了多少条龙呢？根据古籍记载，皇帝的龙袍上都绣有九条五爪金龙，非常精美。我们不禁会好奇：为什么要绣九条五爪金龙呢？多绣一条金龙或者少绣一条金龙不行吗？

原来，古代人认为"九"在阳数（奇数）中是最大的，达到了尊贵的顶点；而"五"在阳数中居中，有调和之意。而且《周易·乾卦》中有记载："九五……飞龙在天，乃位乎天德。"也就是说，九五是乾卦中最好的爻。所以，九和五象征着帝王的权威。

如果去博物馆看一看实物，你就会惊奇地发现：清朝皇帝的龙袍有满族风格，龙袍为圆领右衽，马蹄形袖。龙袍的前胸、后背及两肩处各绣有一条龙，前后襟分别绣有两条龙，加起来就是八条龙，而且这八条金龙的形态不一样。

那"消失"的第九条金龙在哪里呢？可能有人会说：皇帝本身就是真龙天子，也算一条，这样加起来就是九条金龙了。但是，这种说法是不对的。

大家找不到的第九条金龙其实是隐藏在衣服里面的。之所以

＊
清代皇帝的吉服之一

［清］乾隆吉服，故宫博物院藏

要隐藏一条，不是为了藏龙纳气，而是因为古代人在审美上很讲究中轴线对称，但九是奇数，想要把九条龙绣到衣服上，不管绣在衣服外面的什么位置上都做不到对称，所以才会将其中一条龙绣在衣服里面。我们只有掀开衣服才能看得到里面的那一条金龙，所以龙袍上确实是有九条金龙的。

除了九条金龙，你还可以看到龙袍的云领、袖口上以及交襟处都绣有一些精致的龙纹。龙袍下摆还斜向排列着许多弯曲的线条，称为水脚。水脚上绣有许多翻滚的波浪，波浪之上还绣着山石宝物，既有吉祥的含义，又有国祚绵延不绝，"江山大一统"的意思。

但是，也不是所有皇帝的龙袍都绣着九条金龙的，总有些皇帝很有个性，偏偏不走寻常路。

1958年，咱们国家考古发掘明朝万历皇帝的定陵时，发现了"缂丝十二章衮服"。十二章，就是帝王礼服上绘绣的十二种纹饰，分别为日、月、星辰、山、龙、华虫、宗彝、藻、火、粉米、黼（fǔ）、黻（fú），象征着皇帝文武兼备，处政英明果断，圣光普照大地，恩泽施于四方。

这件衮服突破了九五之尊的限制，整整绣有十二条龙。但万历皇帝龙袍上绣的龙还不是最多的，他爷爷嘉靖皇帝觉得以前的礼服很俗，于是亲自创制了超级豪华的"燕弁服"。"燕弁服"前身处绣有一个盘龙团纹，后身处绣有两个盘龙方纹，领子和袖子上绣的龙纹加在一起是四十五个，衣襟上龙纹是三十六个，另外，腰间的玉带上还装饰着九块刻有龙纹的玉片。说真的，明朝的皇帝们还真是很有个性啊！

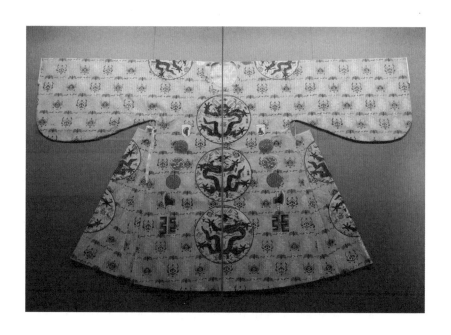

＊明代规定皇帝在圣节、祭社稷、册封等重大日子要穿衮服

［明］黄缂丝十二章福寿如意衮服，明十三陵博物馆藏

皇帝龙袍上的十二章纹

通过上一篇文章介绍的内容，我们知道了皇帝的龙袍上到底有几条龙的奥秘。我在上一篇文章中还提到了帝王礼服上绘绣的十二种纹饰。有读者问我："皇帝的龙袍上应该绘绣的都是龙吧？"当然不是。古代皇帝的龙袍上绣的不全然是龙。比如乾隆皇帝，他就喜欢按照自己的喜好，在龙袍上加一些纹饰，比如五彩云纹、蝙蝠纹、十二章纹等，以示吉祥。

通常，在皇帝穿的衮服上会有十二章纹。所谓"衮服"，就是指古代帝王及上公的礼服。其与冠冕合称为"衮冕"——古代最尊贵的礼服之一。皇帝平时不穿这套衣服，只在祭天地、宗庙等重大庆典活动时才会穿。这套华丽的礼服，分为上衣与下裳两个部分，纹饰的位置较为固定，《旧唐书·舆服志》中有记载："十二章，八章在衣，日、月、星、龙、山、华虫、火、宗彝，四章在裳，藻、粉米、黼、黻"。十二种纹饰图案都有其独特的含义。除了纹饰图案，还有蔽膝、革带、大带、绶等配饰。

十二章纹源于古代人对日月星辰、天地万物的自然崇拜，似乎可以追溯到舜帝时代。《尚书·益稷》中有记载："予欲观古人之象，日、月、星辰、山、龙、华虫作会，宗彝、藻、火、粉米、

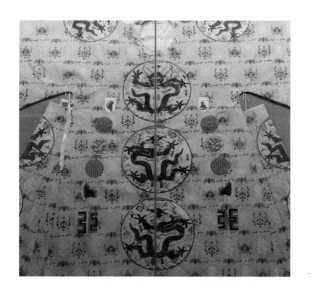

* 帝王礼服上绘绣的十二种纹饰

[明]黄缂丝十二章福寿如意衮服局部,

明十三陵博物馆藏

黼、黻缔绣,以五采彰施于五色作服,汝明。"后来王朝更替,夏商周时期的纹饰各有不同。十二章纹自周代时被正式确立为历代帝王的服章制度,前后绵延近两千年。

如果你没看过皇帝的衮服,就不知道日、月、星辰等十二章纹具体长什么样,有哪些寓意和讲究,且听我慢慢道来。

日的纹样为圆形,饰有三足乌、彩云。三足乌乃古代神话中的神鸟,有三趾,居于红日中央,周围是闪烁的"红光",故此鸟也被称为"金乌"。"金乌"也是太阳的别称。

月的纹样也是圆形,中间饰有玉兔捣药或蟾蜍,下面饰有彩云。《五经通义》中记载:"月中有兔与蟾蜍,何也?月,阴也;蟾蜍,阳也。而与兔并明,阴系于阳也。"《典略》中记载:"兔者,明月之精。"总之,此纹饰有光明的寓意。

星的纹样是三个小圆圈，一颗在上，两颗并列在下，用直线相连，我想其寓意着三星鼎立，不过，也有可能是"北斗"的略图。古代人称日、月、星为"三辰"或"三光"，这三种纹饰有"照临天下"的寓意。

山的纹样很直观，就是山形。《说文解字》中记载："山，宣也，宣气散生万物"。我们的华夏先民仰望高山峻岭，见山间云雾缭绕，山势起伏连绵，顿生崇敬之心。古代人认为山峰越巍峨，越能沟通天地，顶峰之上必有天神居住，于是逐渐有了对山神的崇拜，尤其是对五岳之首的泰山的崇拜。炎帝、黄帝、秦始皇、汉武帝等帝王，都不惜耗费巨大的人力、物力，千里迢迢地前去此地封禅过。我想他们大概都是祈求四海皆安、帝位永固吧。

我们再来看看龙的纹样。此乃双龙相对，一龙下降居左，一龙升起居右。取其"兴云雨，利万物""注雨以济苍生"之意。

我们再来看看华虫。"华虫"可不是虫子，是指羽翼华丽的雉。其中，"红腹锦鸡"较为常见。你可能会问："它是野鸡？怎么不用凤凰呢？再不济，用孔雀也行啊！"《尚书·益稷》唐孔颖达疏："草木虽皆有华，而草华为美……雉五色，象草华也。"其意思就是野鸡的毛色五彩斑斓，就像草木之花一样美丽，而虫则是古代人对鸟兽的总称，比如古代称猛虎为大虫。这便是"华虫"的由来。古代人还认为华虫五彩皆备，爱憎分明，因此将其选入十二章纹。

我们再来看看宗彝。这个纹样很独特，你可能会说："古代人怎么把绘有老虎和猴子图案的酒杯绣到龙袍上去了？"其实，宗彝是一种祭祀酒器，器身上绘有虎和蜼的图案。蜼是一种长尾黄黑色的猿，不是猴子。宗，有尊崇，效法之意；彝，是一个非常古老的汉字，从甲骨文中看，像是双手捧鸡，在祭祀神灵，后来成为古代青铜祭器的通称。《礼记·王制》唐孔颖达疏："宗彝者，渭宗庙彝尊之饰，有虎蜼二兽。"取其智勇之意，还有不忘祖先、辟邪等象征意义。

我们再来看看藻。藻为丛生水草。宋朝礼学家聂崇义在《三礼图》中指出："藻，水草也。取其文，如华虫之义。"这个纹样常位于下裳，象征帝王的文采卓然。

我们再来看看粉米。你看，乍一看是不是挺像"米粉"的？可能我们顿时就会联想到桂林米粉。确实，这个纹样还真跟吃有关系。粉米的纹样是由一颗颗小米粒组合成的一个圆形。《旧唐书·舆服志》中有记载："社稷，土谷神也。粉米由之成也。"由此可见，粉米象征着"普天之下，莫非王土"。我想这是在告诉帝王，他们作为万民之君，重视农桑，才能安邦定国。

火的纹样就是火焰燃烧的样子，取兴旺明亮之意。我想这是希望帝王能光明磊落吧。

最后两个纹样很难写，一个是"黼"，一个是"黻"。

黼就是龙袍上绣或绘的黑白相间的斧形纹样。《旧唐书·舆服志》中有记载："黼能断割，象圣王临事能决也"。也就是说，这个纹样是在告诉帝王，处事不可犹豫、拖沓，做事要干练果敢、雷厉风行。

黻是这十二章纹中最抽象的纹样。这个纹样有点像亚洲的"亚"字，也像两个"己"字相背而立。《增韵》中提出了这个纹样是"两已相背形"的观点。也有人说这个纹样像两个相反的

"弓"连在一起。《周礼·司服》注疏中曰："黻，取臣民背恶向善。亦取合离之义，去就之理。"意思是说，人们希望皇帝能明辨是非，公正严明。

以上，就是十二章纹的纹样及其含义。

明清之前，皇帝的衮服曾有十六章，华虫，曾被分为花和鸟两个章；宗彝在南宋之前，也是老虎和猿分开；粉米在晋朝之前，也是分为粉和米两章。流传到后来，化繁为简，优化组合才成了十二章纹。

不过，这个十二章纹也不是皇帝一人独享的。按照明朝的服制规定：除了天子，皇太子、亲王、世子等都可以使用。但是，只有天子才能用完整的十二章纹，其他人按地位、等级，十二章纹的可用数量逐步减少。如亲王、世子的衣服上可以绘绣九章，地位最低的人可以绘绣三章。地位低的人的衣服上的章纹数量绝对不能多，不然就是僭越，这在古代是很严重的事情，是礼法所不允许的。

宋朝的官帽为什么长了翅膀？

在有关宋朝的影视作品中，最吸引我们目光的就是官帽了，上至皇帝下至七品小官，他们的官帽上都长了两只翅膀。每次到大臣们上朝的戏份时，看到他们戴着长着翅膀的帽子，真怕他们一个不小心，一扭头一抬头，帽子上的翅膀打在同事的脸上。我们不禁好奇：宋朝的官帽上为什么会有两只长翅膀呢？相传这件事与赵匡胤有关。

长翅是赵匡胤发明的？

我们都知道赵匡胤是因为"黄袍加身"才当上皇帝的，换句话说，他的万里江山是通过兵变的方式夺来的。

一方面，赵匡胤刚当皇帝，身边的大臣基本都是以前帐中的"兄弟"，他们心里还觉得赵匡胤是大哥，没适应臣子的身份，跟赵匡胤说话还像以前一样，粗声粗气，动不动还想跟皇帝勾肩搭背，全然没有君臣之别。

另一方面，赵匡胤觉得自己毕竟是篡夺了后周的江山，有点

"得位不正",所以特别在意大臣们是怎么看他的。在上朝的时候,每次他颁布一条新的政令,大臣们就会交头接耳,讨论一番。这让赵匡胤疑心病发作:为什么有问题不能大大方方地提出来呢?大臣们这样嘀咕,到底是在讨论国事,还是在偷偷地骂寡人颁布的政令不对?甚至在讨论寡人不配当皇帝?

赵匡胤很聪明,他认为大臣们之所以会窃窃私语,是因为上朝时大家站得太近,若是站得远一点,大臣们说悄悄话就没有那么方便了。于是,他就想出了改良官帽的计策:所有大臣的帽子两边都要加上长翅。而且,皇帝的帽子也加上了长翅。

这种长翅用铁片、竹篾做骨架。最初单侧长翅的长度大概有三十三厘米,后来又被加长了,两边各穿出一尺多(约四十厘米),两只长翅加起来的长度完全超出了正常人的肩膀宽度,这样大臣并排交谈就很困难了。而且,要是有大臣想抬头给其他同事使眼色,帽子两旁的长翅还会颤动,坐在高处的皇帝很容易就能看得清清楚楚。官帽改良之后,再也没有大臣们在上朝时窃窃私语了。赵匡胤的心里是舒坦了,可大臣们就比较惨了,他们为了保持官帽的平衡与自身仪态端庄,必须时刻小心地走路,若是走到狭窄的地方还得注意别让官帽上的长翅碰到墙上,这种难度不亚于清朝的后妃穿花盆底鞋走路。

但是,宋朝官帽有长翅是用来防止大臣们交头接耳的这个说法不完全可信。有学者提出:根据史书和皇帝画像可知,赵匡胤在上朝时也会戴同样的帽子。如果只是为了不让大臣们交头接耳,那么皇帝为什么要戴长翅帽呢?人们对此也是众说纷纭,有的人认为这是赵匡胤为了推动戴帽上朝,自己做表率,以应对朝臣之

* 宋太祖白袍朱
带，蚕眉凤目，
雍容富贵，形神
逼真
[宋]《宋太祖坐
像》，台北故宫
博物院藏

口；有的人认为这是赵匡胤为了缓解大臣心中的不满，于是自己也戴上帽子，方便与大臣们拉近距离。

这个说法最早出自一本名为《席上腐谈》的书："宋又横两角，以铁线张之，庶免朝见之时偶语。"但这本书并非史家典籍，所以不可当真。

宋朝官帽是从唐朝官帽演变而来

宋人王得臣所著《麈史》一书中记载："幞头，后周武帝为四脚，谓之折上巾。"宋朝官帽原来也被称作"展脚幞头"，展，就是平展之意，这跟宋朝"一字形"向外延展的长翅膀官帽的形象很一致，而这种"展脚幞头"官帽，早在唐五代时就曾出现，可见是从唐代一直延续下来的，在唐代"幞头"官帽基础上改良而来。

在《宋史·舆服志》中也可以找到线索："五代渐变平直。国朝之制，君臣通服平脚……平施两脚，以铁为之。"宋朝皇帝和官员都戴这种平脚幞头（也叫直脚幞头）。除此之外，宋朝官帽的形制还有局脚幞头、朝天幞头、顺风幞头、交脚幞头等。

"长翅"原本只是固定帽子的带子，后来这两条带子就逐渐夸张，人们以长、挺为美，有了八字、平直、上翘冲天等各种夸张的形制。

我们可以脑补一下，如果每个人都戴着不能摘掉翅膀的帽子在街上行走，那人和人之间大概会间隔一米以上，不然就会被长

翅划到，这样也太不方便了吧！所以，到北宋中期，这两个外展的长翅改成了可以拆卸的，这样一来也方便清洗、打理。

古代穿衣戴帽不仅是为了遮蔽身体，还是为了展现个人的仪表之美和社会地位。这是很鲜明的文化符号，也许大臣们不一定喜欢长翅帽，但对老百姓来说，这可能是他们梦寐以求的荣耀。

* 唐朝男子所戴幞头的样式不一
[宋]刘松年《十八学士图》局部，台北故宫博物院藏

图书在版编目（CIP）数据

从前的古人生活慢 / 大力丸儿著 . -- 长沙：湖南
文艺出版社 , 2024.1
ISBN 978-7-5726-1529-0

Ⅰ . ①从… Ⅱ . ①大… Ⅲ . ①社会生活－中国－古代
－通俗读物 Ⅳ . ① D691.93-49

中国国家版本馆 CIP 数据核字（2023）第 239021 号

上架建议：畅销 · 历史

CONGQIAN DE GUREN SHENGHUO MAN
从前的古人生活慢

著　　者：大力丸儿
出 版 人：陈新文
责任编辑：匡杨乐
监　　制：于向勇
策划编辑：刘洁丽
文字编辑：刘春晓　罗　钦
营销编辑：时宇飞　黄璐璐　邱　天
封面设计：末末美书
内文设计：李　洁
图片支持：动脉影　梁依依　视觉中国
出　　版：湖南文艺出版社
　　　　　（长沙市雨花区东二环一段 508 号 邮编：410014）
网　　址：www.hnwy.net
印　　刷：天津联城印刷有限公司
经　　销：新华书店
开　　本：875 mm×1230 mm　1/32
字　　数：225 千字
印　　张：9.75
版　　次：2024 年 1 月第 1 版
印　　次：2024 年 1 月第 1 次印刷
书　　号：ISBN 978-7-5726-1529-0
定　　价：58.00 元

若有质量问题，请致电质量监督电话：010-59096394
团购电话：010-59320018